管好员工就靠这六招：

让员工主动奔跑的艺术

（图解版）

IDKW 图解中心　编著

人民邮电出版社
北　京

图书在版编目（CIP）数据

管好员工就靠这六招 ：让员工主动奔跑的艺术 ：图解版 / IDKW图解中心编著. -- 北京 ：人民邮电出版社, 2015.11
ISBN 978-7-115-40693-4

Ⅰ. ①管… Ⅱ. ①I… Ⅲ. ①企业管理－人事管理－图解 Ⅳ. ①F272.92-64

中国版本图书馆CIP数据核字(2015)第240176号

内容提要

互联网时代，速度就是企业的生命，只有“跑”起来才能火起来。企业需要“跑”，管理者需要“跑”，员工也需要“跑”。本书将驱动员工奔跑的理念与互联网时代的企业管理方法和技巧相结合，全面解读了如何有效地激发员工的积极性、如何管理员工、如何给员工授权、如何考核员工等现实问题。全书图文并茂，旨在帮助管理者提高管人的能力和水平，更好地驾驭人才，提高员工的工作效率和工作业绩，使员工更加忠诚于企业，尽心尽力地完成工作。

本书适合所有身居管理层和“准管理层”人士阅读使用，也可作为企业培训用书。

◆编　　著　IDKW图解中心
责任编辑　庞卫军
执行编辑　程珍珍
责任印制　焦志炜
◆人民邮电出版社出版发行　　北京市丰台区成寿寺路11号
邮编 100164　　电子邮件 315@ptpress.com.cn
网址 http://www.ptpress.com.cn
大厂聚鑫印刷有限责任公司印刷
◆开本：700×1000　1/16
印张：12.5　　2015年11月第1版
字数：150千字　　2015年11月河北第1次印刷

定　价：35.00元

读者服务热线：(010)81055656　印装质量热线：(010)81055316
反盗版热线：(010)81055315
广告经营许可证：京崇工商广字第0021号

preface 前言

行业竞争残酷，职位竞争激烈，身处现代“竞技场”社会，“跑”是一种生存的需要。

企业需要“跑”，管理者需要“跑”，员工也需要“跑”。但是“速度与激情”并不能很好地体现在每位员工的身上，具体原因体现在以下几个方面。

原因 1：不想跑

对工作环境失去兴趣？对工作内容失去热情？对工作职位失去尊重？对工作评价失去关注？这些都有可能，但问题是管理者承担着承上启下的角色，又该如何做？

原因 2：不能跑

能力不达标？情绪有波动？执行有困难？目标有问题？这些都有可能，那管理者又该怎样提升员工能力，安抚员工情绪，解决员工困难，调整执行问题？

原因 3：跑得慢

效率有问题？态度有问题？意愿不强烈？方法不对路？这些都有可

能，对此管理者又该如何一一应对？

本书本着以应用为中心、以有用为标准、以使用为落脚点的基本原则，将全书内容划分成六个模块：铺设跑道——运转系统、制定规则——设置标准、发令起跑——点燃激情、清除路障——提供支持、驱动提速——激励导向、终点清场——总结反馈。

这六个模块围绕着关于如何引领员工快速奔跑的艺术，结合生动详实的案例和实际有用的管理工具，直击管理内核，既传授知识，又引导思考，还指点行动。

最后，感谢王淑燕、刘伟、程富建、权锡哲、李作学、程淑丽、毕春月对本书的框架和体系给出了具体的思路和修改意见，感谢王春霞、张瀛、高春燕、徐滕、张天骄、陈里、王琴、贾晶晶提供了部分素材，感谢姚小风、齐艳霞、赵全梅、姜娣、阎晓霞、金成哲、黄成日、杨茜审阅了部分内容，感谢贾月、孙立宏、刘井学为本书做了图形和版式设计。

contents
目 录

第1章 铺设跑道——运转系统

要想跑，就离不开跑道。两条方向分明的白线之间是发挥能量和挥洒汗水的场地。对企业来说，似暗实明的管理系统便是这条虚拟的跑道。管理者要做的便是持续改进这条跑道的承载能力。

第2章 制定规则——设置标准

竞技场上的角逐从来都容纳不得随意和无序，严密的规则才能引导出公平的结果。员工在同一跑道奔跑，自然也要享受同等的权力，接受同样的制约。标准便是管理过程中的“刻度”。

第3章 发令起跑——点燃激情

枪响一刻，奋力起跑。这一刻所有人的状态都是最佳的，信心都是最满的，动力都是最足的。因为“砰”的一声响已经点燃了激情的导火索，而这声令需要管理者来发。

第4章 清除路障——提供支持

路障阻碍奔跑的速度，影响奔跑的心情。管理者要学会及时发现并清除路障，从而保证员工跑起来畅通无阻。

第5章 驱动提速——激励导向

快与慢不是衡量一切的标准，但又快又稳绝对是效率的保证。“稳”需要管理者来引导，“快”需要管理者来激励。

第6章
终点清场——总结反馈

奔跑有终点，却永无止境。终点场只是奔跑过程中一个又一个可以短暂休息的驿站。一个阶段的总结和反馈是为了下一个阶段变得更快和更强。

Chapter 1

第 1 章

铺设跑道——运转系统

要想跑，就离不开跑道。两条方向分明的白线之间是发挥能量和挥洒汗水的场地。对企业来说，似暗实明的管理系统便是这条虚拟的跑道。管理者要做的便是持续改进这条跑道的承载能力。

1.1 践行企业文化

你所在的企业是否也出现过以下这些情况？

1. 员工经常迟到，并且迟到的员工意识不到自身存在的问题。
2. 有些员工在上班时间用办公电话煲“电话粥”，耽误正常的工作。
3. 很多员工对企业的文化精髓知之甚少，又或者片面肤浅地了解一些，所以“践行”只停留在口头上。
4. 每周一开早会时，多数员工无精打采，消极配合。
5. 一些员工做事拖沓，并且经常把工作上的错误归咎于他人。

为什么会出现以上这些情况？管理者应如何应对？

员工的这些表现是企业文化缺失的典型表现

管理者监管不严
员工缺少自律
……

？？？

企业文化是一个企业由其价值观、信念、仪式、符号、处事方式等组成的其特有的文化形象。

在如今的知识经济时代，企业之间的竞争越来越表现为文化的竞争，企业文化对于企业的发展影响越来越大。良好的企业文化对于提升企业形象和企业核心竞争力、促使企业可持续成长发挥着重要的作用。

企业文化一旦缺失，组织就会变成一盘散沙，员工消极怠工、懒散拖沓等情况也随之涌现。这些情况的出现与管理者自身有着密切的联系，具体体现在如下几个方面。

- 首先，管理者是否制定了个性的企业文化
- 其次，管理者是否对员工进行了严密的监管
- 最后，管理者是否做到了身体力行企业文化

严密的监管是督促员工积极践行的制度保证，但是管理者若想使员工积极主动地去践行，只有严密的监管是不够的。

也许有管理者就问了：“企业的文化都清清楚楚地挂在办公室的墙上，员工可以直接去看，为什么还要我做给他们看？”

大多数基层员工很难透过文绉绉的语言深刻理解企业的核心文化理念，因为他们所真切感受到并且认同的不是静态的文字文化，而是生动和动态的案例文化，所以仅靠单纯的文字是无法驱动员工主动跑起来的。

管理者要以身作则，率先垂范，首先使自己成为企业文化的践行者，同时还要不断通过正式或非正式的沟通，向员工传达企业的价值观和理念。

企业文化的建设离不开管理者的积极倡导和精心培训，成功的管理者只有做到率先践行企业文化，才能驱动员工主动跑起来。管理者可以从以下三个层面着手进行。

1. **精神层面**

企业目标、企业哲学、企业价值观、企业精神、企业风气、企业道德、企业宗旨……这些精神层面上的内容都需要管理者践行并向员工大力宣扬。

示例：

例 1

当员工认为自己无法胜任某项工作时，管理者可以这样说："咱们公司的员工与员工之间讲求互帮互助，如果你在做这项工作的时候有什么问题，可以随时向其他员工请教，或是直接来找我。"

例 2

员工："刚才您为什么没有向客户说出我们的产品优势。"

管理者："因为我们的产品还没有上市，我们要对公司的产品特色进行保密，以防在不经意间被竞争对手窃取。"

2. **制度层面**

管理制度、操作规范、企业开展的活动等都属于制度的范畴。这些都需要管理者身体力行，通过实际行动，以自身为榜样向员工展现良好的文化。

示例：

例 1

年底，某公司要举办年会，要求每个部门出一个节目。

管理者："咱们部门要出一个节目，负责人是 ××，我第一个报名，保证按时参加节目的排练，遵从节目负责人的安排。"

例 2

某企业存在员工经常迟到的情况，但是有一个部门的迟到率几乎为零，这是为什么呢?

究其原因，原来该部门管理者每天早到办公室 30 分钟，并做好下面一系列工作：打扫部门内部的卫生、打开饮水机……

3. 物质层面

企业名称、企业标志、企业内部与外部环境、产品特色、企业工服等都属于物质层面的范畴。物质层面的企业文化更加直观和形象，也更容易被员工感知和接受。

示例：

管理者张红看到地面上有一团废纸，而路过的员工均选择视而不见，于是，张红上前将纸团拾起并扔到了垃圾桶里。

管理者不应满足于一般性号召，如通过文字告示和召开会议的方式向员工倡导，而应学会利用一切机会积极践行企业文化。

1.2 精简管理层级

有这样一则经典的笑话，它讲述的是历史上某部队一次命令传递的过程。

少校

↓

今晚 8 点左右，在这个地区可能会看见哈雷彗星，这种彗星每隔 76 年才能看见一次。到时所有士兵穿野战服在操场上集合，我将向他们解释这一罕见的现象。如果下雨，就在礼堂集合，我会为他们放一部关于彗星的影片。

值班军官

↓

根据少校的命令，今晚 8 点，76 年出现一次的哈雷彗星将在操场上空出现。如果下雨，就让士兵穿着野战服列队前往礼堂，这一罕见现象将在那里出现。

上尉

↓

根据少校的命令，今晚 8 点，非凡的哈雷彗星将身穿野战服在操场上出现。如果下雨，少校将下达另一个命令，这种命令每隔 76 年才出现一次。

中尉

↓

今晚 8 点，少校将带着哈雷彗星在礼堂出现，这是每隔 76 年才有的事。如果下雨，少校将命令彗星穿上野战服到操场上去。

上士

↓

在今晚 8 点下雨的时候，著名的 76 岁的哈雷将军将在少校的陪同下，身着野战服，开着他那“彗星”牌汽车，经过操场前往礼堂。

士兵

在企业管理中，指令也是这样一层层传达下去的，在这里，我们不谈论信息是否失真，我们要探讨的是一项指令经过层层筛选，最终会变成多个具体工作事项的问题。

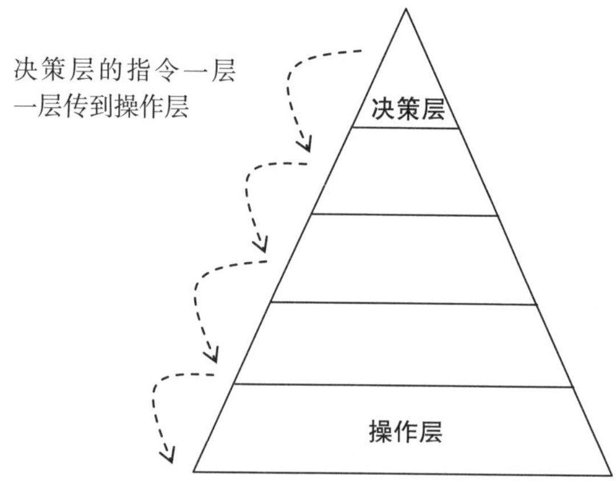

管理层的指令经过一层一层的传达，传递到基层员工后，已经变成了具体可操作的工作事项，员工只需执行上级管理者分配的任务便可以了。但是这种管理模式，扼杀了员工的积极性、主动性和创新性，使员工逐渐变成了执行的机器，进而丧失了思考的能力，无法成长为优秀员工。

面对这种情况，管理者可以采用扁平化管理模式精简管理层级，进而激励员工主动跑起来。

"组织不良最常见的病症，也是最严重的病症，便是管理层次太多，从组织结构的角度来看，是尽量减少管理层次，尽量形成一条最短的指挥链。"

——美国著名管理学家　德鲁克

什么是扁平化管理模式，下面通过一个图来了解。

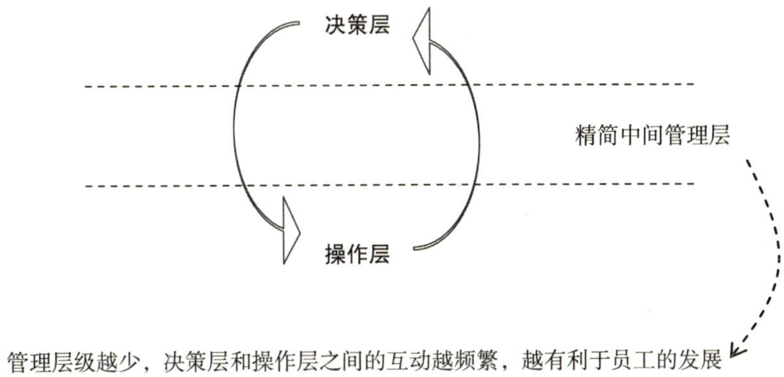

扁平化管理的实现并不仅仅只是精简管理人员这样简单，管理者在实施该策略时需要综合考虑多方面的因素。

首先，管理者要对各层级管理人员的业务和职能调整进行调查和论证。

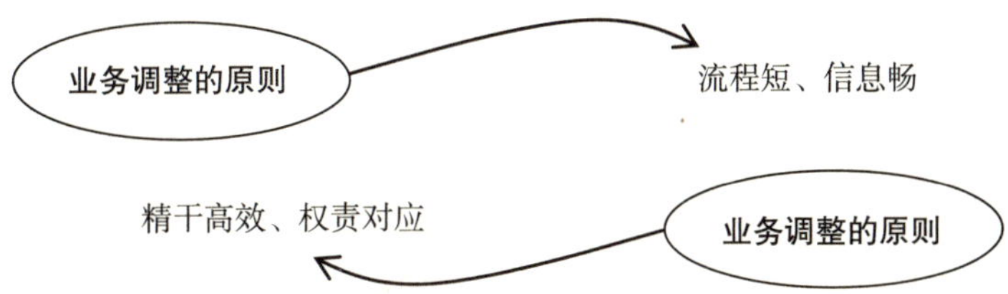

其次，管理者要对各管理层级下的操作层进行整合。

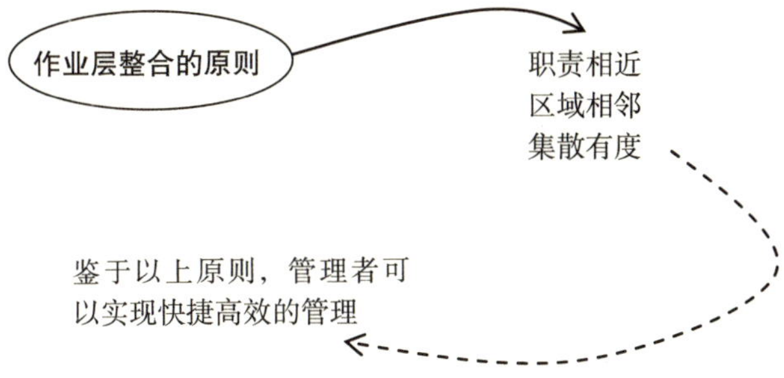

再次，管理者应实施竞争上岗策略。

在扁平化组织中，多数员工直接面对市场，独立行使众多原来由中高层拥有和行使的职能，这就对员工的能力和素质提出了更高的要求。为了使员工尽快成长起来，管理者必须实施竞争上岗的策略。

最后，管理者要编制周密的实施方案。

一个企业的管理模式由金字塔形变为扁平化，必然要能承受住来自各方的压力，这就需要管理者提前制定周密的实施方案，以便妥善安排企业员工。

通用电气公司实施扁平化管理

1981 年，韦尔奇就任通用电气公司首席执行官时，公司从董事长到现场管理员之间的管理层数目多达 24 ~ 26 层。

韦尔奇上任后，通过采取“无边界行动”“零管理层”等管理措施，使公司管理层级数锐减至 5~6 层，这不仅为公司节省了大笔开支，而且极大提高了管理效率，从而促使公司的经济效益大幅提高。

下面通过一个案例来了解如何通过精简管理层级实现高效管理。

金字塔管理模式

总经理 —发布指令→ 根据现在的发展形式，我们必须开始研发新产品。

……

……

……　　　　……

基层员工 → 员工顾准：设计调查问卷
员工李青：负责外出调研
员工张梅：负责网络调研
员工刘恋：汇总调研结果
员工孙欢：负责产品设计
……

扁平化管理模式

总经理 —发布指令→ 根据现在的发展形式，我们必须开始研发新产品。

经理把控各个环节，并随时向总经理汇报进展情况

经理 → 经理将指令划分为三个环节，即调研环节、设计环节、生产环节。同时，经理将员工划分为三个小组。

基层小组 1 → 负责调研环节
基层小组 2 → 负责设计环节
基层小组 3 → 负责生产环节

具体事项由小组成员商议决定并将结果提交给经理

1.3 合理设置岗位

有些管理者由于判断失误或忽视员工需求，导致人岗不匹配的问题出现，从而打消了员工的工作积极性，甚至造成不可挽回的后果。

下面通过《西游记》中孙悟空、猪八戒、沙僧三个角色来了解一下怎样合理设置岗位。

姑且把孙悟空、猪八戒、沙僧三人看作接受“西天取经”任务的员工，把作者吴承恩看作分配该任务的管理者。

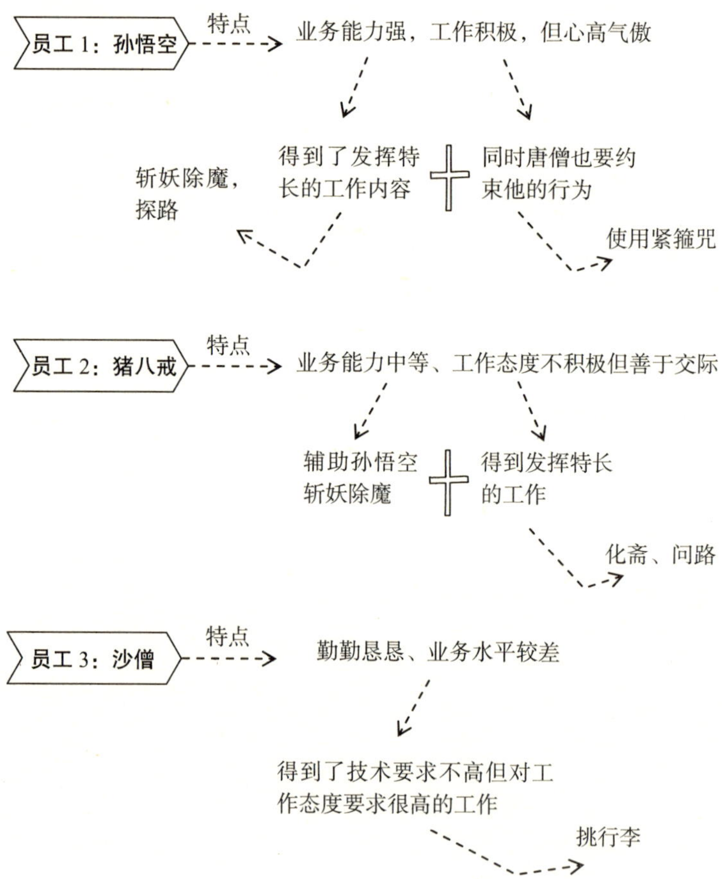

吴承恩根据人物不同的性格特点安排了相应的岗位，使得这个团队成功地完成了西天取经的任务。因此，管理者在为员工设置岗位的时候，应该考虑以下问题。

1. 是否清楚地了解工作岗位的职责和内容？
2. 是否清楚地知道对应的工作岗位需要员工具备哪些具体的工作技能？
3. 该岗位所处的职业环境需要员工以什么样的职业素养来匹配？
4. 下属员工是否可以胜任这项工作？
5. 是否清楚地知道每位员工的工作情况以及工作状态？
6. 目前的岗位配置是最合理的状态吗？是否需要根据最新情况进行调整？

……

对于管理者而言，为员工配置合适的岗位是一种能力的体现。管理者可以从以下五个方面综合安排，以便做到合理配置。

总体评价要客观

对员工进行总体评价时，不能以偏概全，不能以感性为主，要尽量客观。

考虑技能要全面

考虑岗位技能要尽量全面，不能有遗漏的情况出现。

定位高度要适中

定位高度要综合员工的方方面面来确定，以最有利于员工的发展。

定位高度可变通

定位高度要围绕员工的实际能力进行，如果确实是人才可考虑特殊对待。

岗位分配要预测

所分配的岗位需具备一定的挑战性，只有这样才能带动员工成长。

同时，管理者可以根据员工个性差异分配与其相匹配的岗位，使得员工人尽其才，从而最大限度地激发员工的工作积极性。

1. 按性格特点匹配岗位

每个人都各有特色，但所有的性格特点都可以大致归为三类，即外向、内向和中性。性格特点体现在每一个细节中，所以最容易被他人发现。

外向性格	特点：活泼、好动、爱说	可分配需要与他人沟通的岗位
内向性格	特点：不爱说话，但谨慎心细	可分配需要核查确认的岗位
中性性格	特点：有时一言不发，有时滔滔不绝	需要与其进行面对面的沟通，以确认岗位分配

2. 按擅长与否匹配岗位

每个人都喜欢做自己擅长的事情，不仅仅是因为精通，更是因为在此基础上可以做出突破和创新。管理者可以通过以下三种方式探知员工擅长的领域。

（1）通过以往的工作完成情况进行大致分析。

（2）通过员工日常工作的行为进行大致判断。

（3）通过与员工沟通进行准确了解。

3. 按照能力强弱匹配岗位

企业应给予能力较强的员工一个挑战自我的平台，使其实现自身价值，进而更加积极地投身于工作中。

企业应给予能力较弱的员工一个稍显简单的任务，使其在胜任该岗位后，增强自我满足感，进而增强信心，为下一步的岗位调整奠定基础。

下面通过一个案例来了解如何根据员工特点对其配置合适的岗位。

小微是某公司业务部新招入的员工，但是最初她应聘的是文员的工作。为什么她的岗位会发生变化呢？原来，在面试的时候，她给管理者留下了一些特别的印象。

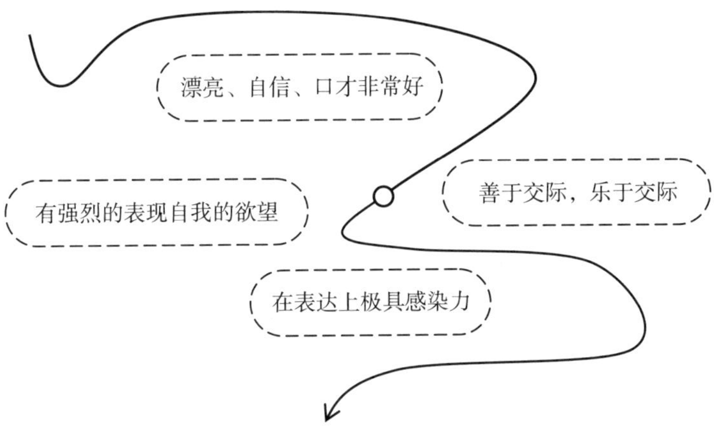

鉴于小微具有以上优势，管理者认为小微并不适合文员岗位，于是为其重新制定了新的岗位目标——业务专员，小微也欣然接受了。

1.4 简化工作流程

“工作要简化，不要简单化。”

——海尔总裁　张瑞敏

工作流程即工作事项的活动流向顺序，包括实际工作过程中的工作环节、步骤和程序等。一个合理且简洁的工作流程对于企业的运作有着举足轻重的作用。但是在一些企业中，员工往往由于工作流程的混乱或繁琐而丧失了工作的积极性，进而激发了各种抱怨。

作为管理者，你是否听到过员工这样抱怨？

“我外出好几次，每次都是去一个地方，能不能把这些任务尽可能安排在一次解决！”

“这项任务张莉在做，李萌也在做，到底是由谁负责？”

“我觉得有些工作环节可以省略，这样对整个工作事项不会有任何影响，如果不省略反而会浪费时间，耽误进度。”

“这项技术我并不熟悉，所以这项任务不应安排我来做，出了问题我无法承担。”

面对上述抱怨，管理者应当制定一个简洁有序的工作流程，以调动员工的工作积极性和满足感。

一般来说，企业制定的工作流程应包含以下三个要素。

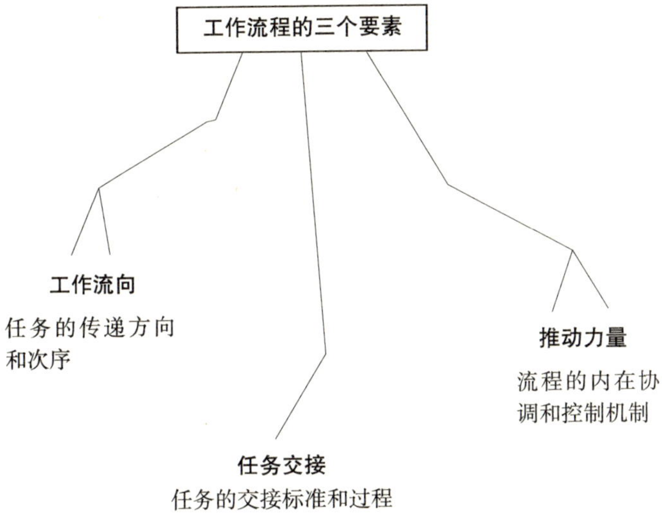

管理者若要做到简化工作流程，需要在这三个要素上多加考虑。

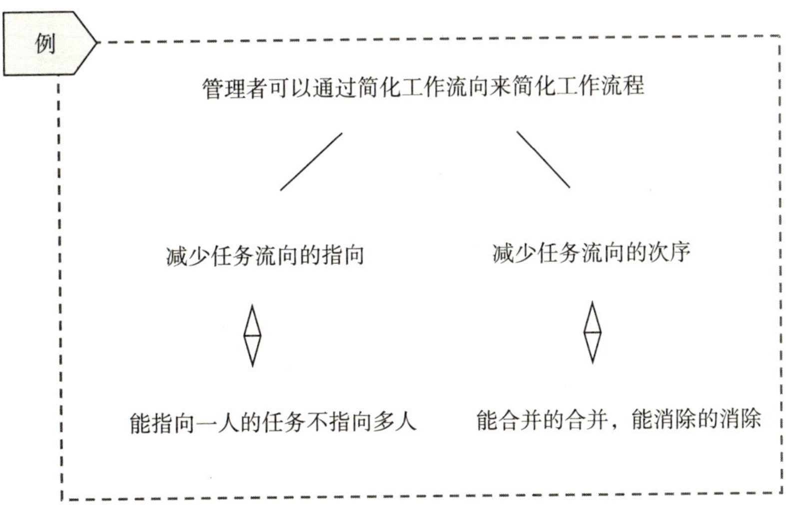

在面对繁琐复杂的工作流程而理不出头绪时，管理者可以制作一份工作流程图，以便更加直观清晰地确定工作任务中的活动和各个环节。

在制作工作流程图之前，管理者一般要经过五个步骤设计出框架，这时可以借助 4 个 WHY 帮助自己理清思路。

步骤 1：对工作任务进行目的分析

通过对工作任务进行目的分析，明确工作任务的方向，消除工作中不必要的环节。

4 个 WHY

这项任务实际需要员工做什么？

为什么要做？

该环节是否真的有存在的必要？

应该做什么？

步骤 2：对工作任务进行地点分析

操作此步骤时应尽可能地合并相关的工作活动，以便做到在同一地点进行多项活动。

4 个 WHY

在什么地方做这项任务？

为什么在该地方做这项任务？

可否在别处做这项任务？

应当在何处做这项任务？

步骤 3：对工作任务进行顺序分析

通过顺序分析使得工作任务中各个环节的衔接更为合理有效。

4 个 WHY

什么时候做这项任务？

为什么在这个时间做这项任务？

可否在其他时间做这项任务？

应当何时做这项任务？

步骤 4：对工作任务进行人员分析

对工作任务进行人员分析的目的在于使得人员配置更加合理。

4 个 WHY

这项任务由谁来做？

这项任务为什么由他来做？

这项任务可否由其他人代替？

这项任务应当由谁来做？

步骤 5：对工作任务进行方法分析

进行方法分析的目的在于简化操作，使得员工执行时更加省时省力。

4 个 WHY

现在如何做？

为什么这样做？

可否用其他方法做？

应当用什么方法来做？

通过以上五个步骤的分析，管理者可以消除工作过程中多余的工作环节或合并同类环节，使得工作流程更加合理，从而激发员工的工作积极性，提高员工的工作效率。

1.5 激活组织架构

企业组织架构是企业业务运转、部门设置以及人员职能规划的基本结构。企业通过组织架构把各个管理要素配置在一定的位置上，确定其活动条件，规定其活动范围，从而能够形成相对稳定的管理体系。

没有组织架构的企业相当于一盘散沙。如果企业的组织架构设置的不合理，将会影响企业的正常运转。

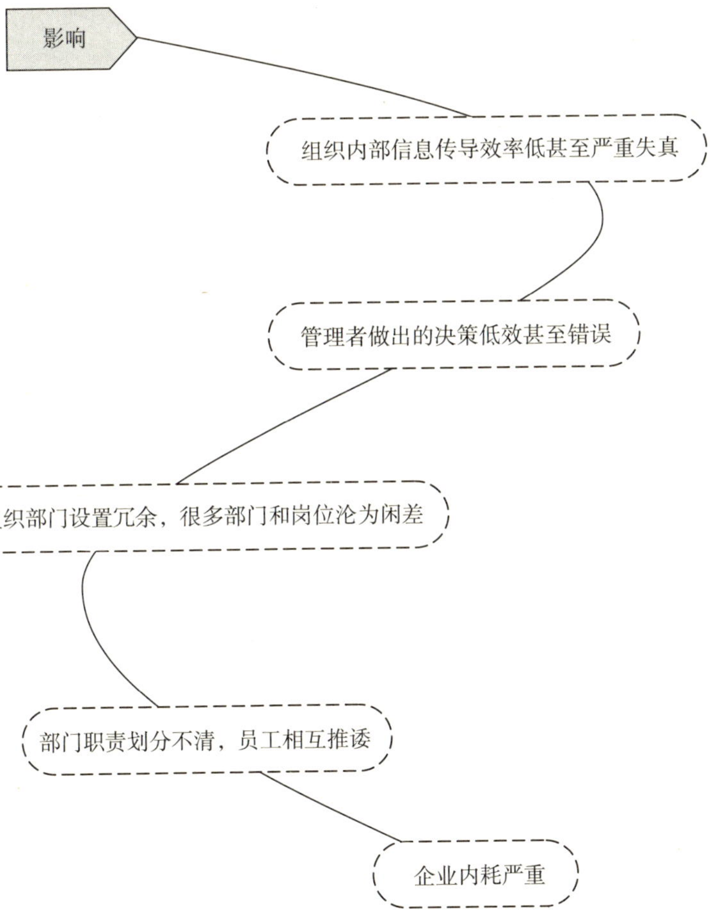

以上种种现象均阐述了一个没有组织架构或者组织架构设置的不合理的企业所面临的窘境。因此，建立一个适宜、高效的组织架构能够最大程度地激活员工的潜能，释放企业的力量。

企业组织架构一般具有如下七种类型。

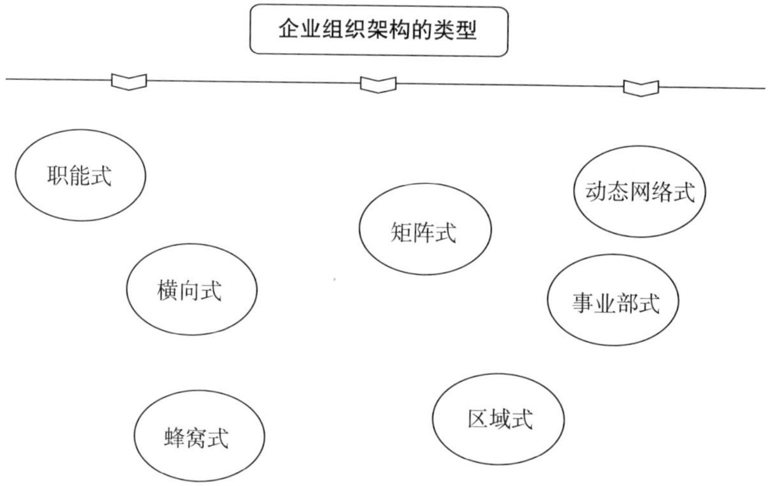

由于企业组织架构具有诸多类型，因此管理者在设计组织架构时，应综合多方面的因素，以最终确定最为合适的组织架构。一般来说，典型的影响组织架构确定的因素主要包括四种。

1. **企业战略**

企业战略包括经营性目标、核心技能、高层管理者的要求等。

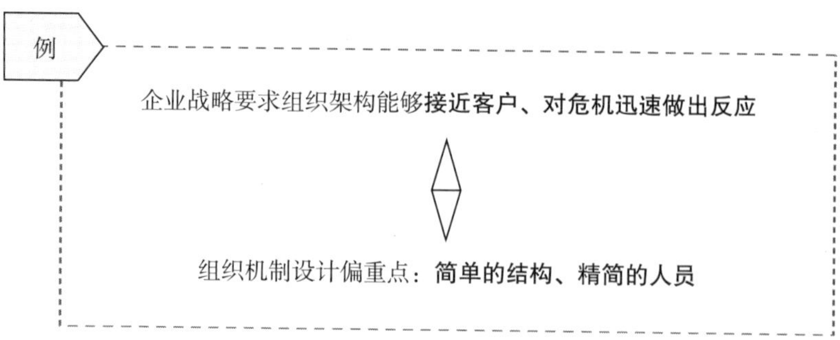

2. 企业规模

企业的规模大小对组织的规范化、组织的分权化、组织的复杂化和管理人员比率都会有一定的影响。

以管理人员的比率为例

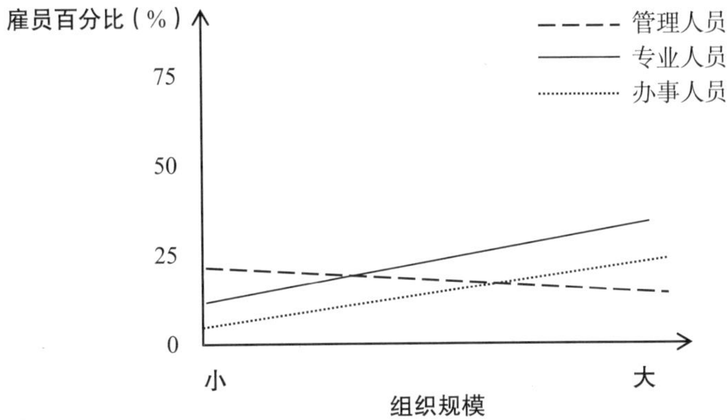

3. 行业环境

行业环境包括环境的不确定性、企业对环境不确定性的适应、企业对环境资源的控制等。

例

化妆品行业的整体环境：**变化频繁且不可预测**

组织架构特点：**团队形式、注重参与、分权、减少部门设置、具备迅速模仿能力**

4. 技术要求

每个企业都有着具有其特色的技术要求，这就需要管理者根据本企业的行业特点、部门技术特点、工作流程等设计针对其技术特点的组织架构图。

部门	组织架构特点	原因
生产制造部门	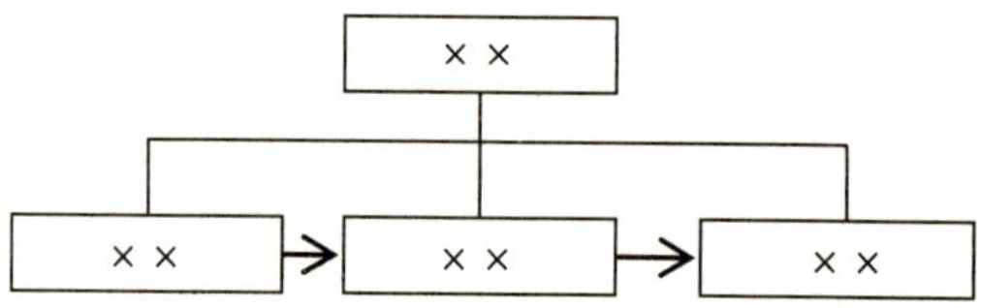	该部门需要简单的横向沟通

企业组织架构不是一个固定的格式，关键要考虑是否符合企业的发展。这就要求管理者根据具体情况制定具体、整体、个性的组织架构图。

管理者在实际操作时，应先确定本企业适合哪种类型的组织架构，必要时可以根据自身条件，借鉴下图中的组织架构进行设置。

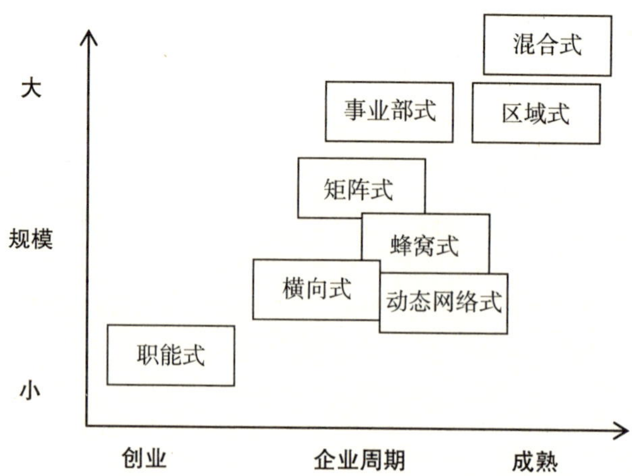

确定组织架构类型后，管理者可提前针对各个部门制定细分的组织架构图，然后再把所有部门的组织架构图拼接在一起。

例如，某企业设有生产部、行政部、人事部、销售部等，管理者可以先设计这些小部门的组织架构，下面以销售部为例。

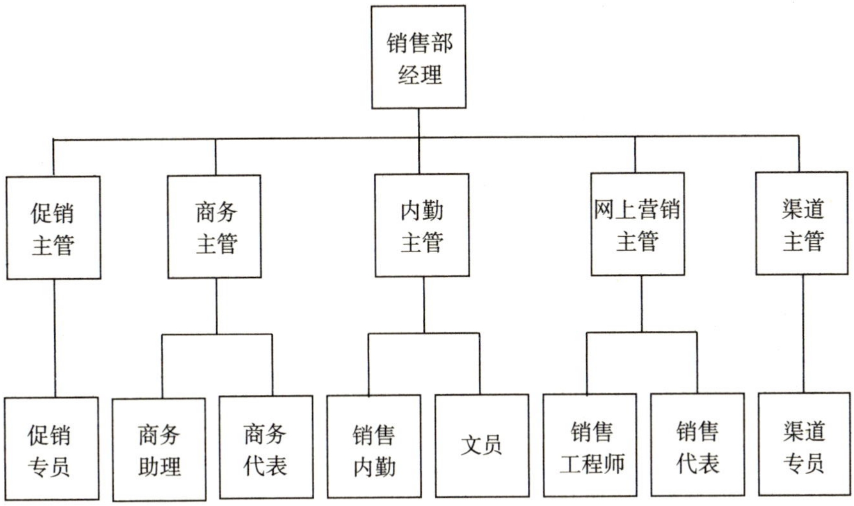

随后，管理者再制定出生产部、行政部、人事部等各部门的组织架构，然后拼在一起，最终得到完整的企业组织架构。

1.6　预设应激机制

什么是预设应激机制？简单来说便是管理者要预先创立一种提前规避问题或快速解决问题的机制，这样可以保证组织内的员工在面对突发和紧急状况时做到应对自如。

◇ 预设应激机制——提前规避问题

想要做到提前规避问题，管理者需要做到以下两点。

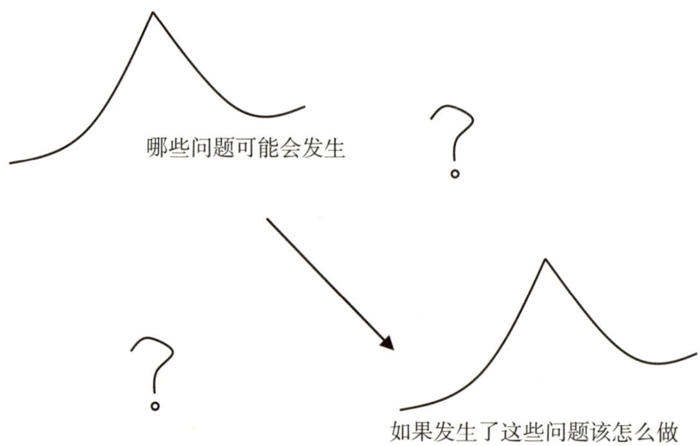

FEMA 工具可以帮助管理者解决上述两个难题，它的重要核心可概括为一句话，具体如下。

提前将可能的风险扼杀在摇篮中，而不是事后被动地去处理问题。

因此，FEMA 工具重在事先的分析和判断，管理者需要预先设想问题的出现、问题的破坏程度、问题的风险评估、问题的解决办法等一系

列事项。

在这一系列事项的基础之上，管理者可以设立一个提前规避问题的流程机制，并且将这个流程机制展示给执行的员工。这样可以让他们做到有备无患，具体内容如下。

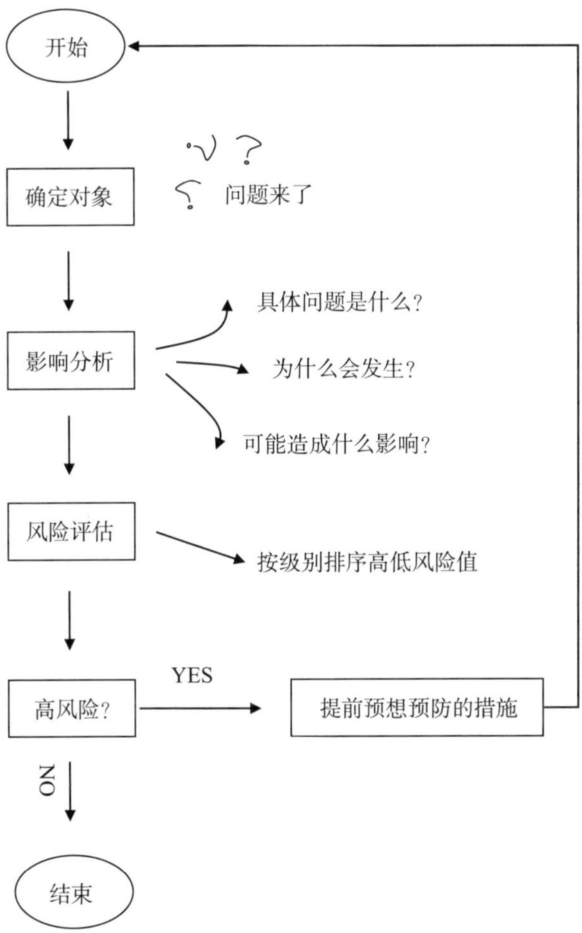

◇ **预设应激机制——快速解决问题**

如果问题已经出现了，怎样避免员工在工作中被“不速之客”扰乱了心绪。这时管理者需要设立一个快速启动的应激模板机制。

这个模板机制要能够适用于大部分紧急的情况，并且员工在参照这个模板的同时，能够快速找到正确解决问题的思路，接下来只需将自己的实际情况与模板一一对应便可以找到答案，具体内容如下。

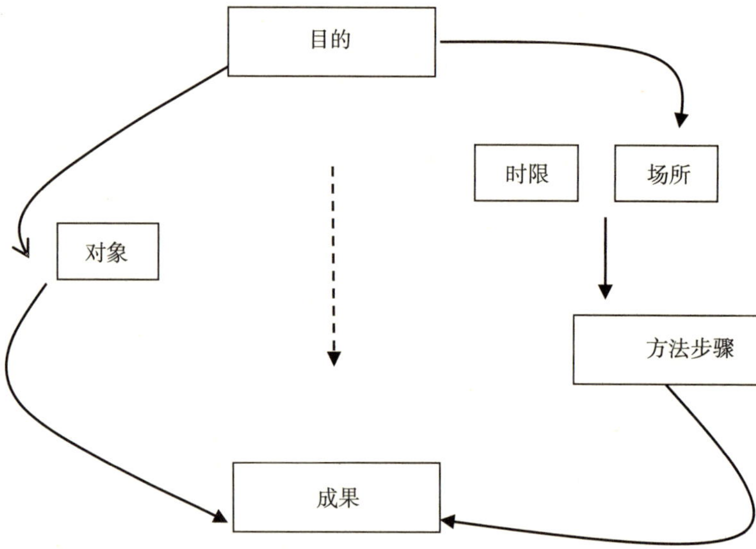

管理者可以从三个层面来深入理解并运用上述的模板，从而为员工设立快速应对突发状况的机制。

◇ 层面 1：贯穿一条主线

这一条贯穿应对紧急状况的主线便是目的和成果。目的是解决问题的初衷，成果是目的的实现和验证。两者分别占位起始点和终止点，可以互相对照，互为补充。

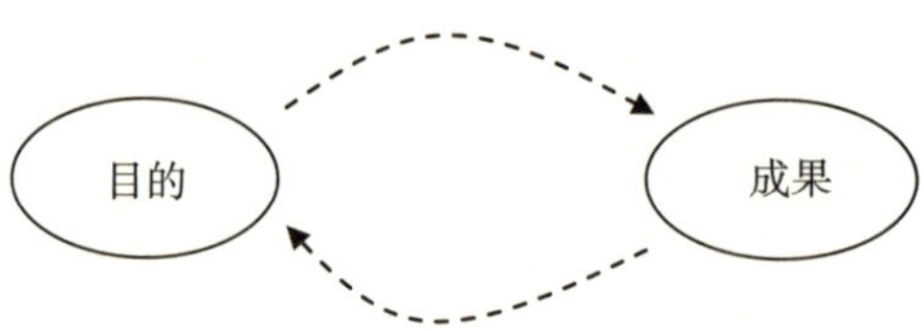

◇ **层面 2：抓住四个切入点**

- (1) 应对紧急情况要能够准确抓住对象，即需要解决的是什么。
- (2) 应对紧急情况需要设置时限，这样易于掌控节奏，激活状态。
- (3) 应对紧急情况需要确定场所，这是解决问题的基本要素。
- (4) 应对紧急情况需要掌握方法和步骤，按流程、用工具解决问题。

◇ **层面 3：整理逻辑思路**

在应对紧急状况的时候，能够快速整理逻辑思路很关键。在了解对象之后，要先让员工确定时限和场所，再根据时限的要求和场所的限制去施行适合的方法与步骤。

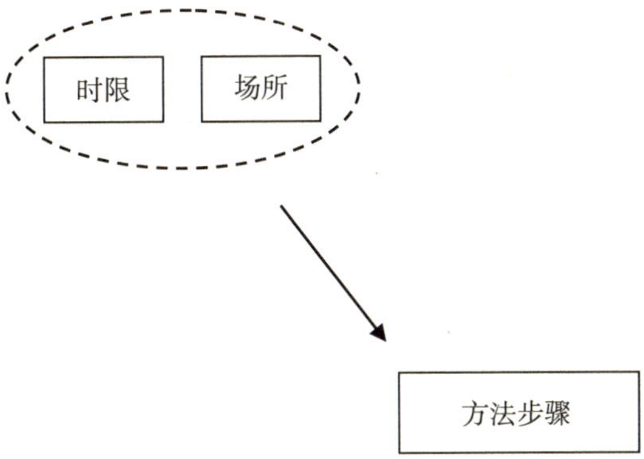

1.7 打通晋升轨道

王煜是某企业产品部门的主管，他精明能干，而且还经常协助上级领导和其他部门的工作，因此几乎所有人都认为他很快就能晋升到高位。

10年之后，王煜仍旧只是担任了主管一职，并被调离了生产指挥的第一线，去当了一个有职无权的空头主管。

为什么会有这样让人意想不到的变化呢？

10年之间，王煜的领导换了三任。

1. 第一任上司认为王煜精明能干，是个靠得住的员工，便想让他维持现状，丝毫没有调动他的想法。

2. 第二任上司上任时，人事部曾提出提升王煜的建议，但是上司以各种理由推脱了。

3. 第三任上司同样没有给王煜提供任何晋升的机会。

就这样，王煜长期做着同样的工作，慢慢地，他变得主观、傲慢、固执，听不进别人的意见和建议，手下的员工也纷纷离他而去。

鉴于这种情况，他的上司认为王煜虽然很专业，但是却不适合担任更高一级职务。这种处境使得王煜越来越固执，以致于工作出现问题，最终被调离了生产指挥第一线。

案例中的王煜本是一个优秀的、有潜力的员工，但是由于历任管理者不愿意“放行”，导致王煜由一个优秀员工变成碌碌无为的员工，最终被埋没在企业的底层。

通过这个案例，我们可以获得以下启示：总让员工原地踏步是不可取的。那应该什么时候晋升员工呢？这也就引出了一个概念——能力饱和。

什么是能力饱和

一位员工做一项新的工作时，由于不了解工作情况，就会不断学习、不断研究、不断成长，随着工作经验的积累、工作能力的提升，这位员工已经胜任了这项工作，此时，便达到了能力饱和曲线的“饱和点”。

这种饱和状态维持不了太久，随着员工工作经验的继续积累、工作能力的继续提升，完成这项工作对于他来说已经绰绰有余了。于是，他会变得自信过度，并认为这项工作对于他来说简直是大材小用。此时，如果管理者不能为其提供一个晋升的渠道，便很有可能导致该员工重蹈王煜的覆辙。

因此，管理者必须适时评估下属员工的能力，切实关注员工的心理需求，研究下属员工在能力饱和曲线上已经发展到哪个阶段了，以便及时为其提供晋升的渠道。

当管理者发现某位员工的能力已经实现饱和，此时，管理者可以通过以下两种方式帮助其实现晋升。

1. 纵向晋升

纵向晋升是指部门内部职级的晋升路径。例如，管理人员沿着管理通道发展，专业技术人员沿着项目管理者或技术通道发展等。

当上级职位出现空缺或员工个人能力获得较大提升时，管理者可以适时提升员工。

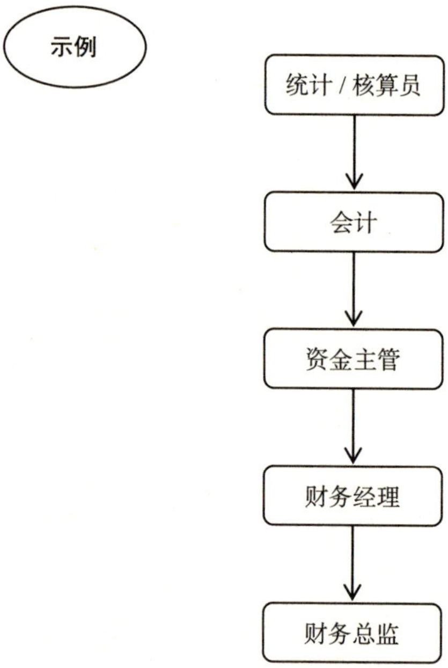

2. 横向晋升

企业中的管理岗位永远是稀缺的，这就要求管理者寻求除了提升员工职位的晋升方式之外的其他方式，也就是横向晋升。

根据员工的不同发展意愿和不同岗位之间的联系，管理者可以为员工提供跨类别晋升的机会，主要有内部调配和竞聘。

竞聘晋升的使用步骤

第 1 步：划分职位序列

职位序列的划分通常采用的是合并同类项的方式，将相似或相近的工作和部门合并为一个序列，如研发与技术合并为技术序列。

第 2 步：构建职位序列里各岗位的任职资格管理体系

需要注意的是，在同一系列或同一部门内的相同职位之间，任职资格方面最重要的差异不仅包括基本任职条件，还包括知识与技能的结构、层次以及能力素质的差异。

第 3 步：设计晋升通道

企业管理者在设计晋升通道时必须要遵循一个原则，即相关性越高越好。

第 4 步：公示招聘职位

将招聘职位或缺编的职位整理成招聘启事进行内部公告，并注明任职资格和报名条件。

第 5 步：晋升的同时勿忘培训

员工晋升之后，管理者不仅要在员工的薪酬福利、绩效指标上做出改变，在员工任职资格上也要凸显变化，这就要求管理者加强对员工培训，使其知识、技能、素质等符合岗位需求。

另外，当企业内部没有更高级别岗位空缺时，管理者还可以对员工实行轮岗晋升。轮岗晋升即将员工放置到一个新的岗位，以新的工作和新的挑战来激发员工的工作激情，鼓励员工学到更多的知识和业务技能，以备晋升到更高层次的岗位。

案例

职场人士刘夏在某企业的销售部已经工作两年多，在这两年的时间里，她的个人能力和工作业绩得到了极大的提升，销售部经理认为应该给刘夏一个晋升的机会。

于是，经理请人力资源部协助设计了两个晋升渠道供刘夏选择。

1. 晋升为销售主管

分析：刘夏对销售主管的职责和任务比较熟悉，但是发展空间有限

2. 斜向晋升为市场部实习主管

分析：相对于销售部来说，市场部更加锻炼人，发展空间也更大

经理与刘夏进行充分沟通后，刘夏很慎重地选择了第二种晋升方式。

Chapter 2

第2章 制定规则——设置标准

竞技场上的角逐从来都容纳不得随意和无序，严密的规则才能引导出公平的结果。员工在同一跑道奔跑，自然也要享受同等的权力，接受同样的制约。标准便是管理过程中的“刻度”。

2.1 执行计划有标准

古语有云：凡事预则立，不预则废。一个未经计划的工作任务会对管理者的日常工作带来哪些困扰呢？

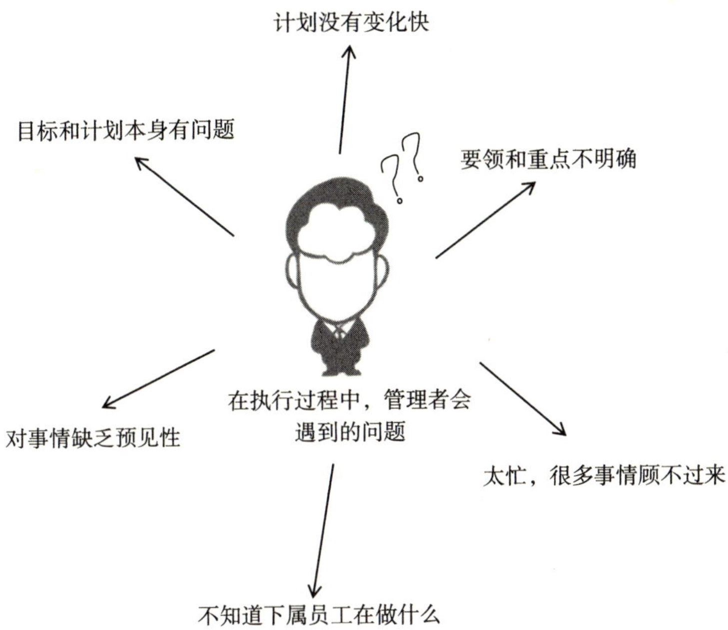

面对一项毫无章法的工作任务，管理者已经自顾不暇、忙乱不堪，更何况员工呢？一项接一项的任务失利，想必已经挫败了员工的自信心，消磨了员工的耐心。

这就说明了管理者应在实际行动前预先对任务目标进行切实可行的计划安排，一旦管理者制订了一个良好的工作计划，员工的积极性就会大为提高，工作效率也会随之大幅度提升。

管理者可以采用一个最简单的方法——6W2H 分析表来分析任务执行计划。

任务分析表

Why	为什么做这件事		□已确认 □不充分 □再确认
What	目标是什么		□已确认 □不充分 □再确认
Where	在哪里实施		□已确认 □不充分 □再确认
Who	由谁执行		□已确认 □不充分 □再确认
Which	采用哪种方法		□已确认 □不充分 □再确认
When	截止期限		□已确认 □不充分 □再确认
How	如何执行		□已确认 □不充分 □再确认
How much	花费多少		□已确认 □不充分 □再确认
问题点	有无缺点 有无问题点 有无注意事项		□已确认 □不充分 □再确认
对策	想象所有的可能性并提出对策		□已确认 □不充分 □再确认

在任务分析完成后，管理者便可以根据下面的任务执行表分配任务，使得员工执行时“有表可依”。

任务执行表

<table>
<tr><td>计划名称</td><td>× ×</td><td>部门名称</td><td>× ×</td></tr>
<tr><td>主题目标</td><td colspan="3">× ×</td></tr>
<tr><td>人员</td><td colspan="3">× ×　× ×　× ×　× ×　× ×　× ×</td></tr>
<tr><td>领导者</td><td>× ×</td><td>协助者</td><td>× ×　× ×　× ×　× ×　× ×</td></tr>
<tr><td>行动计划</td><td colspan="3">× ×</td></tr>
<tr><td>行动步骤</td><td colspan="3">× ×
（指具体步骤，先做什么，后做什么）</td></tr>
<tr><td>日程表</td><td colspan="3">× ×
（更为具体的步骤，细化到每一个小环节所需的时间以及完成的时间）</td></tr>
<tr><td>成果</td><td colspan="3">× ×</td></tr>
<tr><td>检测</td><td>× ×
（对完成结果进行检测）</td><td>第二次展开</td><td>× ×
（如若在检测中发现问题，应再次展开，重新修正此问题）</td></tr>
<tr><td colspan="2">预算：× ×</td><td colspan="2">结算：× ×</td></tr>
</table>

执行计划不仅可以用文字阐述，也可以借助图形进行直观、全面的展示。

管理者可以运用甘特图制订工作计划，同时，还可以对计划的完成情况进行有效控制。

甘特图的横轴代表时间进度，纵轴代表要完成的工作任务，整个图形表示在规定的时间内计划任务和实际任务的完成情况。

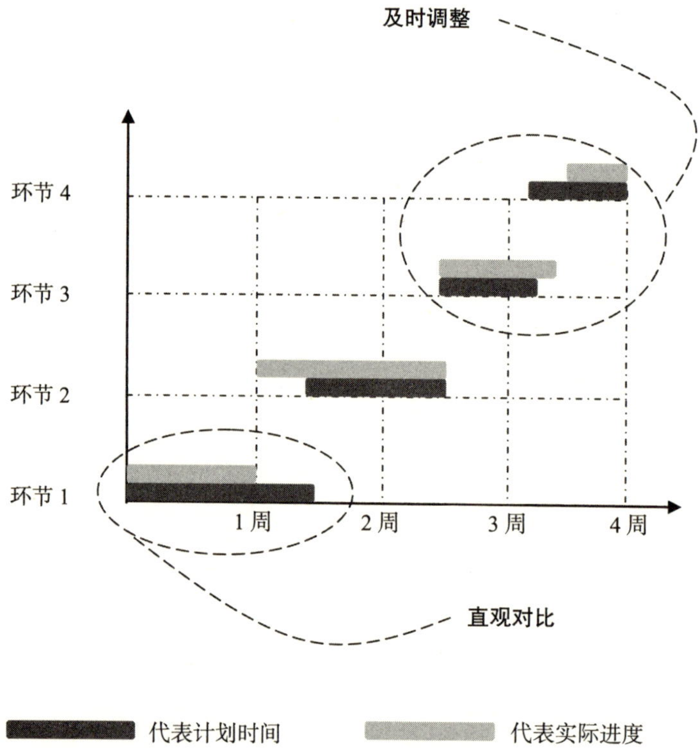

由于甘特图相较于其他方式更为简单和实用，因此它受到了很多管理者的青睐，在企业的实践中也得到了广泛的引用，下面以某企业为例，说明甘特图的使用方法。

产品部经理要在四个月的时间内开发出一种新产品，他在具体执行前利用甘特图分解了任务，制订了计划。

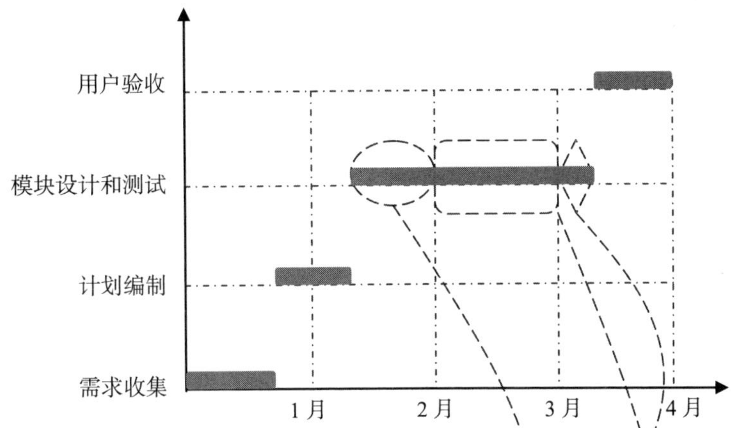

从计划甘特图中可以看出，模块设计和测试是四个环节中最关键的，用时最长，地位最高。

这一环节可以细分为三大步骤：

- 1月中旬开始到2月——模块策划阶段
- 2月到3月——模块开发阶段
- 3月到3月上旬——模块测试阶段

当该计划任务步入执行阶段后，产品部经理还可借助甘特图掌控计划的完成情况，以便及时调整，按时完成任务。

2.2 执行时间有标准

“时间是衡量事业的标准。”

——培根

有些管理者在执行时间上存在一种误区——认为抓住了每一分钟、每一秒钟就是做好时间管理了，其实不尽然。

实际上，管理员工执行时间的关键不在于督促员工每分钟、每秒钟都去工作，而是在于为其制定一个执行时间标准，使得员工能够按照标准工作，以便起到事半功倍的效果。

下面介绍七种能够起到显著效果的时间管理法则。

法则 1：制订时间管理计划

管理者应初步拟定每月、每周的任务表，使得员工根据初步拟定的任务表合理规划自己的时间。

<table>
<tr><td rowspan="12">月计划</td><td rowspan="3">第 1 周计划</td><td>1. …………</td></tr>
<tr><td>2. …………</td></tr>
<tr><td>3. …………</td></tr>
<tr><td rowspan="3">第 2 周计划</td><td>1. …………</td></tr>
<tr><td>2. …………</td></tr>
<tr><td>3. …………</td></tr>
<tr><td rowspan="3">第 3 周计划</td><td>1. …………</td></tr>
<tr><td>2. …………</td></tr>
<tr><td>3. …………</td></tr>
<tr><td rowspan="3">第 4 周计划</td><td>1. …………</td></tr>
<tr><td>2. …………</td></tr>
<tr><td>3. …………</td></tr>
</table>

法则 2：黄金三小时法则

黄金三小时法则告诉管理者：应当在一天中效率最高的时间段安排员工完成最重要的工作。

黄金三小时法则还可以进一步拓展，管理者可以把每星期的第一天作为黄金时段，交由员工完成一周中最重要的工作；把每个月的第一个星期作为黄金时段，督促员工完成一月内最重要的工作。

法则 3：帮助员工养成整洁、有条理的好习惯

据有关组织统计：一般公司职员每年有六周的时间是浪费在寻找文件上面的。

帮助员工养成整洁、有条理的好习惯，也是提高执行时间效率的标准之一。

管理者应督促员工保持桌面整洁，将文件分门别类地归置到固定位置，并建立属于自己的档案查询系统。

法则 4：尽可能提供给员工“时间块”

什么是“时间块”

如果提供给你独立且完整的时间让你写一篇报告，在这段时间内除了这个事项外并没有任何别的事情打扰。最后，你可能只需要五个小时就能够完成这篇报告，并且完成得非常漂亮。

但是如果换一种模式，给你五个小时的时间，这五个小时不是独立的、完整的，而是零散的时间段，可能是上午半小时，下午半小时拼凑在一起的。当你用完这零散的五个小时后，你的报告也许只是刚写到一半。

这就是“时间块”的原理。

在安排员工执行工作任务时，管理者要注意整合时间，尽可能地把零散的工作、零散的时间整合成一个完整独立的时间块，由此帮助员工专心做一件事情，进而提高执行效率。

法则 5：推动员工，尽快执行

“人并不是因为跑得不快而赶不上火车的，而是因为出发晚了才赶不上的。”

——谚语

一些员工往往患有“拖延症”，管理者可将工作任务完成日期制定的比实际计划稍微提前些，给员工一定的紧迫感，以督促其尽快执行。

同时，管理者还可以采用设立奖励的方式，奖励执行时间短、完成效果好的员工。

法则 6：尽可能采用一些节省时间且不会打碎时间块的工具

在员工执行工作任务时，管理者应尽量采用电子邮件、传真、电话、语音系统等传达工具，最好不要选择会议等占用大段时间的方式。

法则 7：执行时可依照 80/20 法则

每一项任务都包含重要与不重要的环节，根据 80/20 法则，可以这样估计：任务执行者需要花费 80% 的时间完成 20% 的比较重要的任务，而剩余的 80% 不太重要的任务可利用 20% 的时间尽快完成。

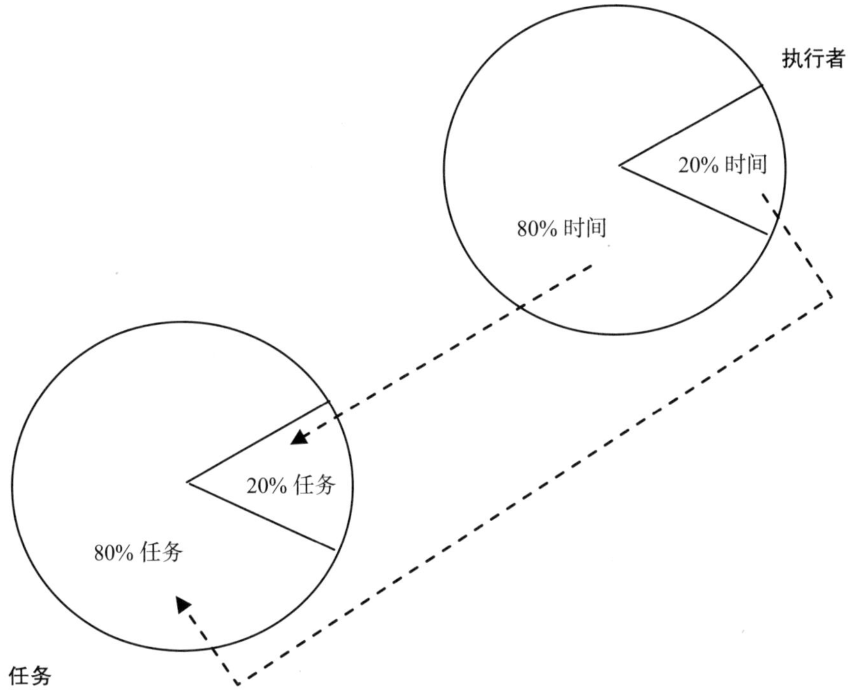
执行者
20% 时间
80% 时间
20% 任务
80% 任务
任务

2.3 执行环节有标准

有了执行的计划，也有了执行的时间，一些管理者可能认为可以完全放心交给员工去做了，但是，执行中的各个环节也需要管理者制定一定的标准，否则，将会导致“一步错，步步错”的尴尬局面。

◇ **执行初始环节：平衡制约**

某广告公司策划部经理李文刚得知一个消息，小卢和小张把一个优质客户得罪了。

李文：说说吧，怎么回事？

小卢：我觉得责任在小张，前期是她搜集的资料，那些资料里存有错误。

小张：这怎么能怪我呢，我只是帮你搜集资料而已。

李文：那你们现在的意思是责任在我喽？

虽然在执行计划中，管理者已经为每位执行员工分配了任务，但是在执行环节中，总会出现一些意料之外的权责混乱、相互推诿的情况，这就需要管理者做好平衡制约。

不仅要合理分配每位员工的责任，还要平衡制约每位员工的责任

根据执行环节中出现的问题，再次细化员工的责任，尽可能地避免重叠和交叉。

责任也需要平衡制约，以防止有些员工多担责任，而有些员工却少担责任。

不仅要合理分配每位员工的权力，还要平衡制约每位员工的权力

根据执行环节中出现的问题，再次对员工的权力进行申明，并向员工强调，必须尊重相互之间拥有的权力，不得越界。

权力更需要平衡制约，以保证每位员工既不越权，也不亵渎权力。

不仅要合理分配每位员工的利益，还要平衡制约每位员工的利益

管理者应合理分配每位员工应得的利益，不应过分偏重某位员工，也不可忽略任何一位员工。

平衡制约每位员工的利益，让每位员工既享受到自己的利益，又不侵犯、损害他人的利益。

◇ 执行中间环节：沟通反馈 + 适时监督

李文：现在那位客户是什么情况？

小卢：我已经把他争取回来了。

李文：做的不错，你是怎么办到的？

小卢：我把折扣由原来的 38% 降至 35% 了，他很高兴的同意了。

李文：未经我同意，你竟然降了三个点？

由于小卢在执行时没能及时与管理者李文沟通，导致公司所获取的利益降至最低，甚至有可能“白忙活一场”。

适当的授权可以激发员工的活力，但是授权时，还需要管理者与员工沟通执行环节。

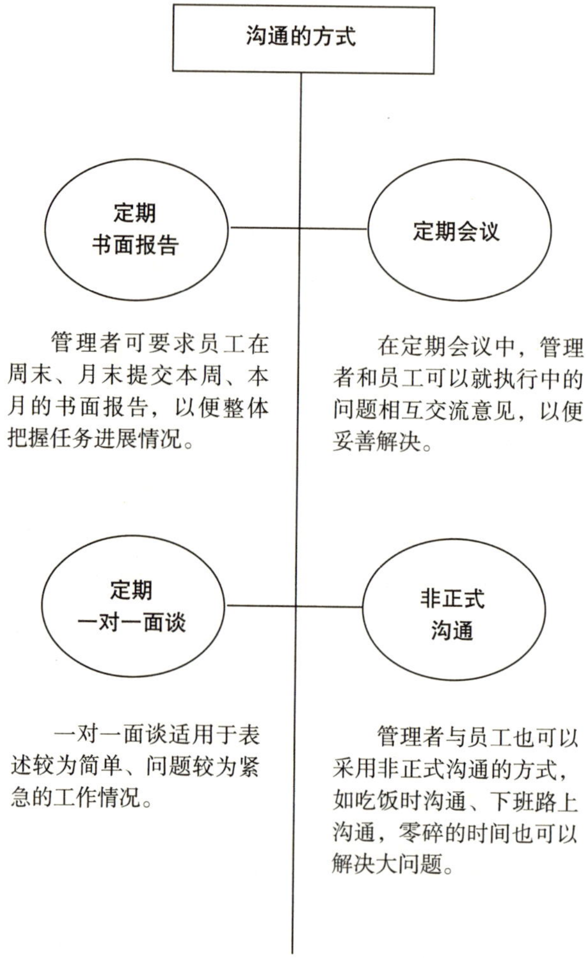

同时，管理者还要做好监督控制工作。

针对执行环节中意料不到的问题，管理者应加深认识，并通过合理有效的监督、控制，规范员工在执行任务过程中的行为，为执行环节的顺利展开保驾护航。

监督的方式

观察员工的行为

在任务执行过程中，管理者应经常观察员工的行为，看是否存在敷衍了事、偷懒懈怠的现象。

观察员工的情绪

管理者还应经常观察员工的情绪，以便做到及时的疏导和调解，必要时可为其提供工作上的帮助。

鼓励员工相互监督

管理者应鼓励员工之间相互监督、相互纠正错误和改正不当行为。

◇ 执行最后环节：考核评估

员工的任务完成得如何？有没有遗留的问题……这些都属于执行的最后环节。管理者若想了解执行效果，需要做好考核评估工作。

管理者在进行考核评估时，可参考如下内容。

与当初制订的计划结果是否一致？

是否按时完成了任务？

是否正确把握好执行时间？

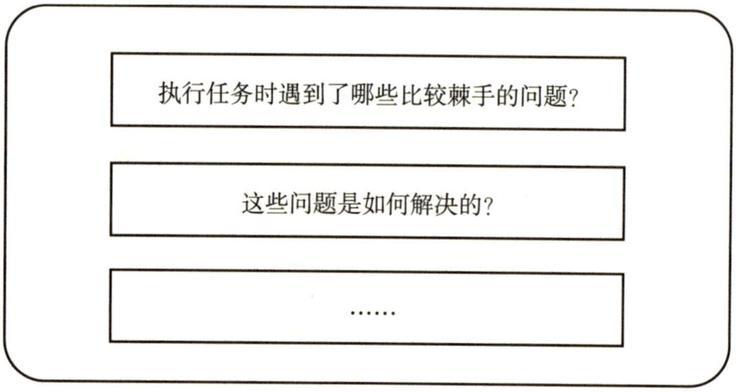

考核评估的目的在于激励优秀员工，鼓励落后员工，同时为以后类似的执行工作积累丰富的经验。

2.4 执行动作有标准

在实际执行时，管理者可以为员工的执行动作设置一定的标准，以规范其行为，督促其执行，最终达到预定的目标。

标准1：独立执行，勿依赖他人

一些员工存在依赖心理，总是倾向于放弃主观能动性，转而通过寻求他人的帮助、依赖于他人替自己做出决定来收获成功，这极大地阻碍了员工的成长。

针对这一点，管理者可以采取隔岸观火、点到为止的策略。

隔岸观火

当员工遇到执行困难时，管理者可以采取隔岸观火的方式激发员工的潜力，促使其独立思考，进而收获问题解决后巨大的满足感和喜悦之情。

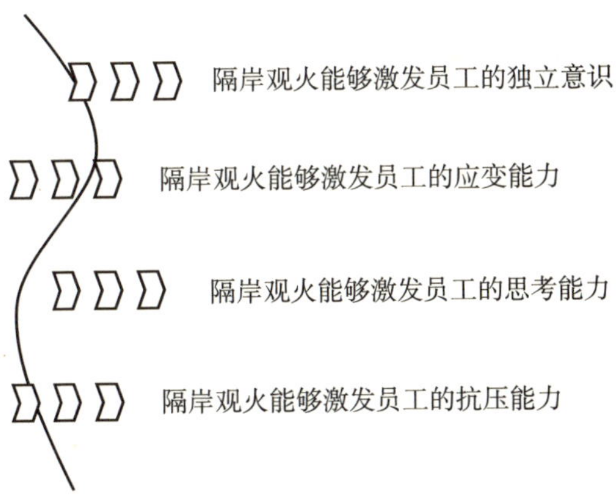

点到为止

对于经验不足的员工来说，采取隔岸观火策略显然并不适合，此时，管理者可以使用点到为止的方式指引员工执行的方向。

点在哪里

执行节点

对于执行中的进度点，管理者应及时指出，以防造成进度脱节。

执行关键点

对于执行中的转折点、重点，管理者也应及时指出，以防员工出现目标偏失。

执行难点

对于执行中的难点，管理者应预知并提前加以指导，以帮助员工顺利通过。

标准 2：勇敢应对，勿畏惧不前

当面对一些看起来比较困难或是复杂的任务时，一些员工或许会存在畏惧心理。针对这一点，管理者可以采取釜底抽薪、恩威并济、引进鲶鱼的策略。

釜底抽薪

在执行过程中，管理者与员工就执行任务正面交锋时，或许无法取得良好的效果，此时，不如从侧面或幕后下功夫，断掉其后路，以达到驱动员工工作积极性的目的。

何谓“薪”？“薪”即能够切切实实刺激到并激励到员工的根本，找到这个根本，才能做到治标又治本。

“釜底之薪”要找准

“釜底抽薪”要精准

切断员工“再次添柴”的任何条件与借口，断其“后路”，使其不得不勇往直前地去工作。

恩威并济

拿破仑曾说：“我有时像狮子，有时像绵羊，我的全部成功在于我知道什么时候我应当是前者，什么时候应当是后者。”“胡萝卜加大棒”的方式，在必要情况下，也不失为一个很好的驱动员工工作积极性的方式。

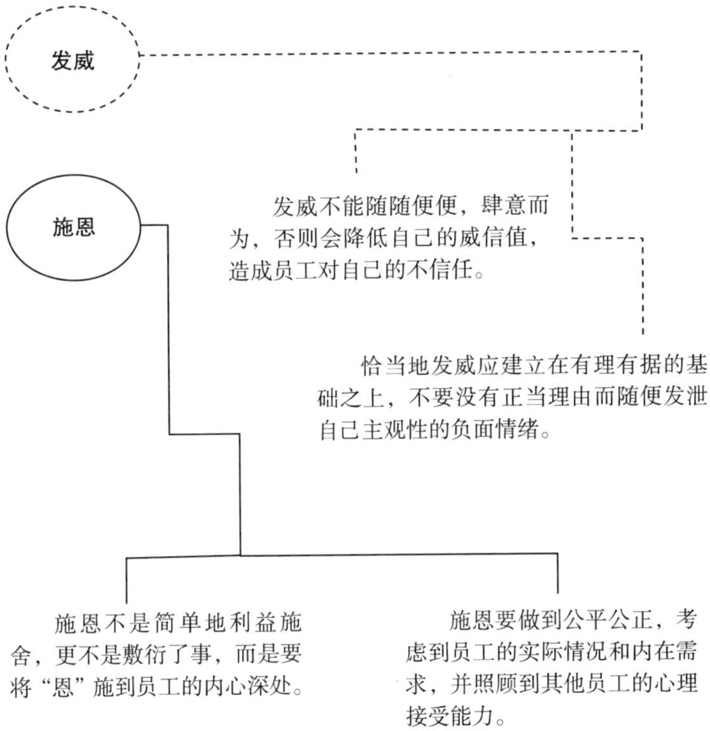

引进鲶鱼

面对缺乏进取心的员工，管理者可以采用引进鲶鱼的方式，驱动其像“沙丁鱼”一样为了生存，主动付出更多的努力。

“鲶鱼”是什么

“鲶鱼”是那些富有朝气，思维敏捷的年轻生力军，或者是能力较强的优秀员工。

引进的方式

在引进方式上可以采取启用能人、借调外援等途径。管理者还需注意，应避免在员工整体状态比较好的时候引入“鲶鱼”，否则会挫伤员工的工作积极性。

标准 3：积极学习，勿眼高手低

学习贯穿于工作的各个阶段和方面，任何执行阶段都需要员工不断增强学习力，从而避免出现眼高手低的情况。

针对这一点，管理者可以采取标杆示下的策略。

标杆示下

管理者可以为员工选择一个标杆员工供其学习模仿。标杆员工的选择有一个硬性条件，即需要标杆员工在某些特质方面强于其他员工。

员工		标杆员工
工作得过且过	---→	细致的工作态度
不愿主动思考	---→	高效的思维能力
遇到困难不敢应对	---→	激进的工作能力
过于中规中矩	---→	良好的创新能力

2.5 解决问题有标准

员工在执行过程中难免会遇到各种各样的问题，且问题常常来得“急而凶险”，这可能会令员工方寸大乱。

基于这些问题，管理者制定了一套流程和标准，这不仅可以让自己的管理工作更加轻松，而且还可以指导员工更加高效地攻克难题、完成任务。

在制定解决问题的标准之前，管理者要做到“三现”，即现物、现场和现实。

制定解决问题标准之前的“三现”原则

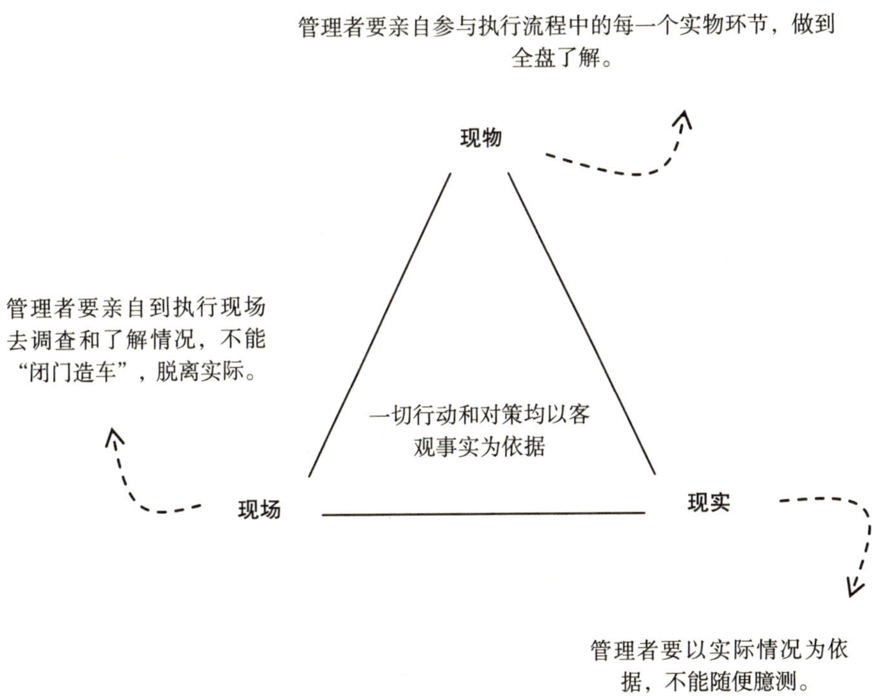

综上所述，“三现”原则的共同核心——一切行动和对策均以客观事实为依据。

管理者只有做到了“三现”，才能更好地发现问题、了解问题，进而制定更加科学、更加合理、更加客观的标准。

在明确“三现”原则之后，便进入到制定解决问题标准的实质阶段了。管理者可以从管理循环圈着手进行。

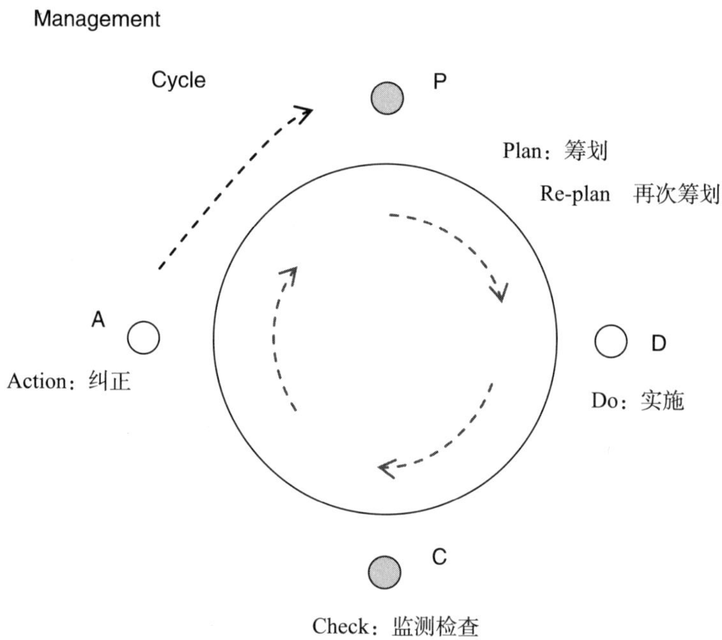

从上图可以看出，管理循环圈包括四个阶段步骤，分别为筹划——实施——监测检查——评估。在评估完之后又会进入到下一个重新筹划的循环过程。循环圈中的每个步骤都可以分解出更多的内容。

◇ Plan：**筹划**

在进入具体实施之前的筹划阶段十分重要，它关系到以后的所有工作是否可以在一个方向正确的轨道上运行，具体包括以下内容。

筹划的第一步：确定团队。

确定团队的标准：人数限制在4~10人，每个团队成员都要能够胜任，并且知晓自己被选中的原因，且可以更换。

筹划的第二步：了解问题。

了解问题的标准：能尽可能用概述和通俗易懂的语言描述问题。

问题是什么？问题出现在哪里？问题在什么时候发生？问题对企业的影响？

筹划的第三步：确定原因。

确定原因的标准：用不断重复的为什么找到问题的根源本质。

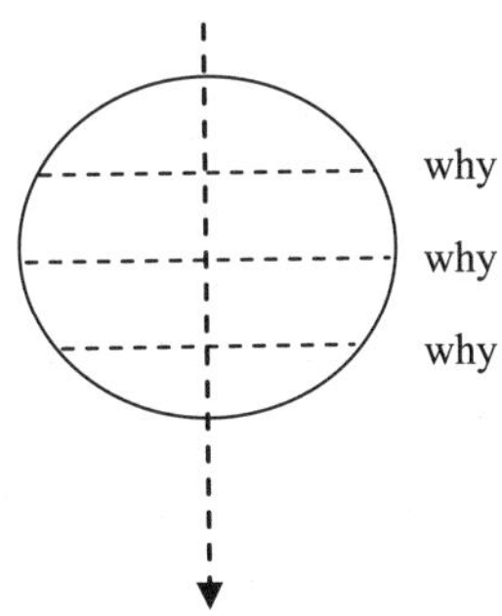

筹划的第四步：制订计划。

制订计划的标准：先要及时止损，再着手解决问题。

◇ Do：**实施**

进入实质性的解决问题阶段，同样需要制定标准，具体包含以下三个方面的内容。

① 在解决问题的实施阶段要找出重点

鱼骨图法：画出鱼骨图，将重点和分支填充鱼骨的主干和支干

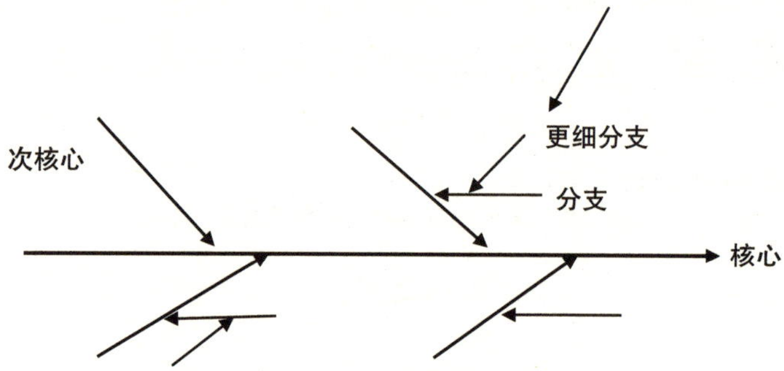

② 在解决问题的实施阶段要分出层级结构

思维导图：列出解决问题的主题和次级主题

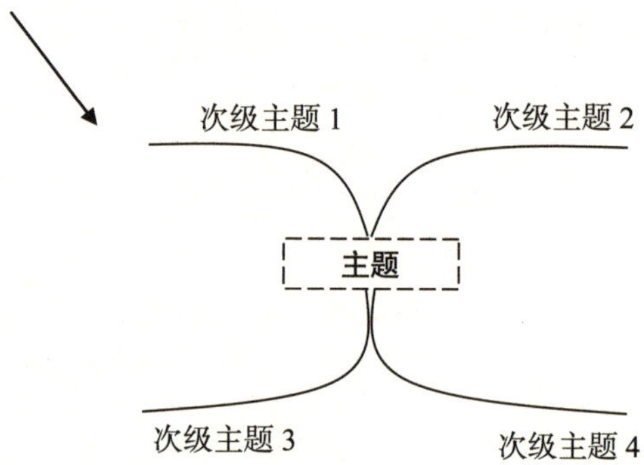

③ 在解决问题的实施阶段要控制进度

甘特图：运用甘特图合理分配工作时间

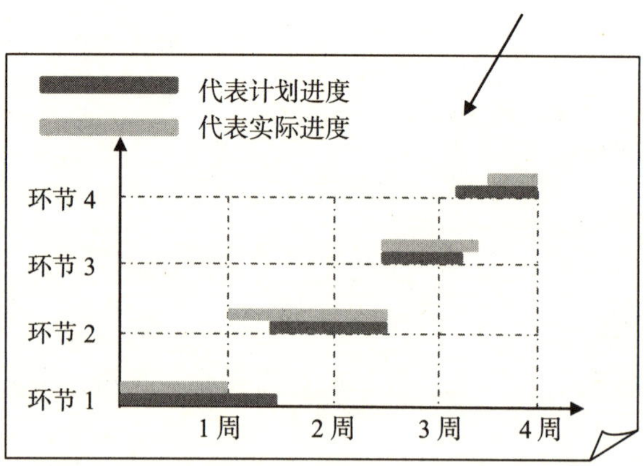

◇ Check：**监测检查**

解决问题的过程也是检验标准是否科学与合理的过程。因此，管理者一边解决问题，一边进行监测检查是十分有必要的。这是个总结——对照——提高的过程。管理者在进行监测检查时可以结合如下图表工具。

不同的工作内容

对比实际进度与预期进度

监测检查表

解决阶段	工作进度	完成情况	评价	新问题
阶段 1				
阶段 2				
阶段 3				
阶段 4				

为下一次的纠正做准备

评测解决问题的整体水平

对照后做出反馈

◇ Action：**纠正**

在监测检查之后发现了不足或是新问题，要积极进行纠正，不能延误。这样在纠正和调整之后，便可以进入下一个解决问题的管理循环圈中。

2.6 执行结果有标准

有些管理者在执行结果方面存在误区，他们受到一些错误认识的影响，并不重视执行结果，这便导致他们失去了可以有效提升自身管理能力的机会。这些错误的认识主要包括以下三点。

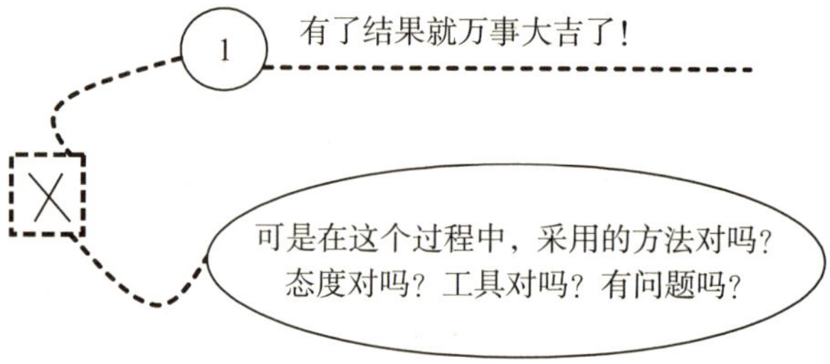

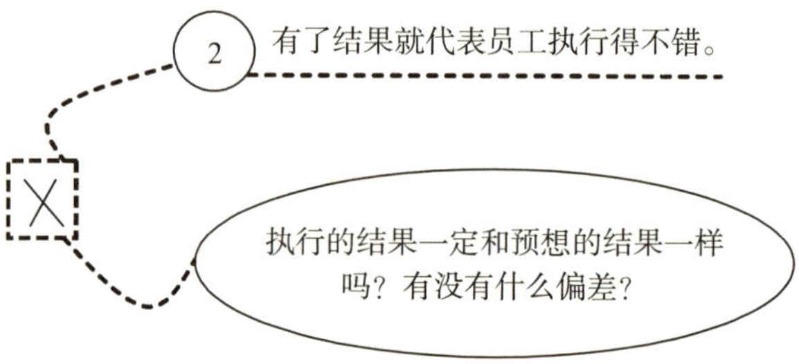

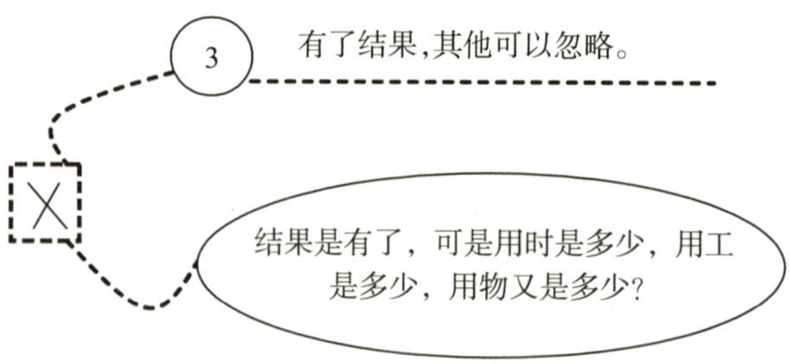

从上图中的一系列疑问中可以得出以下三点结论。

◇ 在执行结果的背后存在一个动态的过程体系，而一个单纯的结果是不能说明一切的。

◇ 在执行结果的背后存在一个目标是否发生漂移的问题，比对之后才能知道执行结果的准确性。

◇ 在执行结果的背后存在一个成本问题，如果取得成果的代价是需要付出过高的成本，那么这个结果的有效性是值得商榷的。

综上所述，管理者需要为执行结果制定标准，它可以更直观、更有效地帮助管理者提升管理能力，主要体现在以下五个方面。

为执行结果制定标准的益处

1. 为执行结果制定标准便于管理者更明确地下达指令，进行安排。

2. 为执行结果制定标准便于管理者更准确地进行指示，以抓住核心。

3. 为执行结果制定标准便于管理者更有效地引导员工进行思考。

4. 为执行结果制定标准便于管理者更直观地进行考核，也更能让员工服从管理。

5. 为执行结果制定标准便于管理者更好地进行总结和反馈，以有据可依。

那么该如何为执行结果制定标准呢？在达成结果的过程中包含各种环节，也会出现各种各样意想不到的元素。因此，制定执行结果的标准也需要综合考虑。

从高标准、严要求的层面来说，标准大致可以概括为三个字，即稳、准、快。每个字里都包含着丰富的内容。

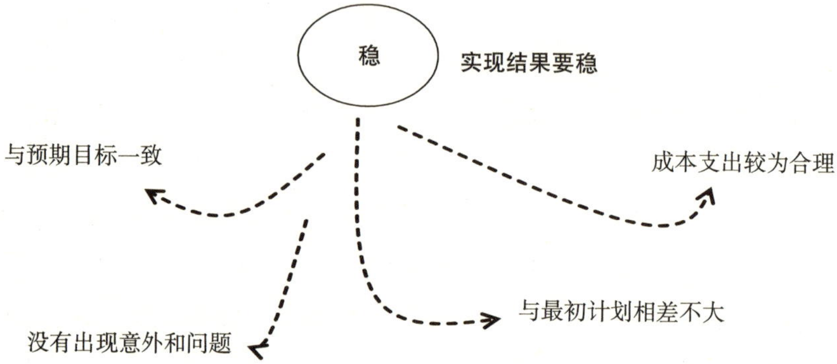
稳
实现结果要稳
与预期目标一致
成本支出较为合理
与最初计划相差不大
没有出现意外和问题

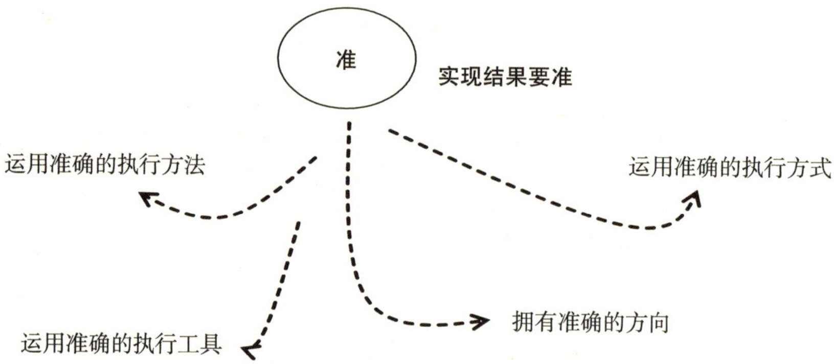
准
实现结果要准
运用准确的执行方法
运用准确的执行方式
拥有准确的方向
运用准确的执行工具

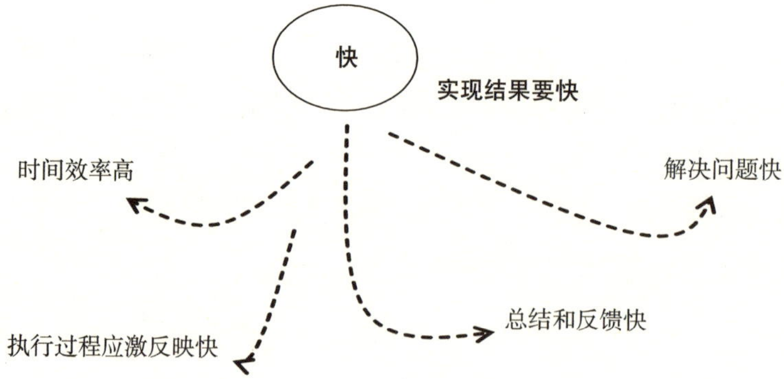
快
实现结果要快
时间效率高
解决问题快
总结和反馈快
执行过程应激反映快

这三个标准在员工执行前、执行中和执行后分别起到不同的作用，具体内容如下。

■ **执行前阶段**

◎ 关于结果的标准是员工“起跑”的动力和方向

■ **执行中阶段**

◎ 关于结果的标准是员工“奔跑”的参照物

■ **执行后阶段**

◎ 关于结果的标准是员工总结和对照的依据

Chapter 3

第 3 章

发令起跑——点燃激情

枪响一刻，奋力起跑。这一刻所有人的状态都是最佳的，信心都是最满的，动力都是最足的。因为“砰”的一声响已经点燃了激情的导火索，而这声令需要管理者来发。

3.1 制定清晰的未来蓝图

"如果你不知道你要到哪儿去，那通常你哪儿也去不了。"

——谚语

这句谚语充分说明了员工职业规划的作用。对于当今大部分职场人士而言，他们对企业及自己所在职位发展前景的关注度远低于薪水福利。如果管理者不帮助员工指引前进的方向，员工就会对企业、对管理者失去信心，于是便无法全身心地投入到工作中去。

某企业员工刘畅便是一个很好的例子。

借助案例理解

刘畅是某企业部门经理的助理，他曾说过这样一段话："到今年 10 月份，我工作就满一年了，但是我很害怕，我每天没有动力起床，没有动力挤公交车，没有动力走进办公室……工作一年，我却不知道自己的职业发展道路在哪里，我好像每个方面都会涉足一些，但总是浅尝辄止。我也不知道能否摆脱助理这个职位，真正做到独当一面……"

为员工制定一个清晰的未来蓝图，是每个管理者首先应该做到的事情。在摩托罗拉企业，"在公司有明确的个人前途"已被列为了员工尊严中一项。由此可见，拥有清晰的未来蓝图是评判企业是否成功、管理者是否精干的一个重要指标。

对于员工而言，未来的蓝图主要包括两个方面：一是员工的发展蓝图；二是企业的发展蓝图。这两个方面缺一不可。

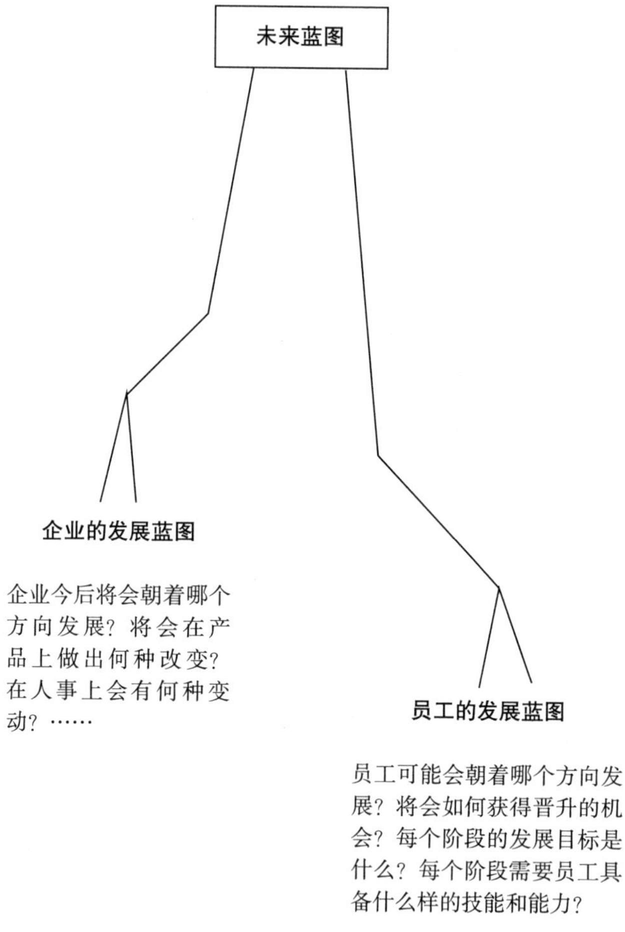

管理者帮助员工制定一个清晰蓝图的前提是认识员工。只有认识和了解员工，管理者才能制定一个清晰且有吸引力的职业发展方向。

管理者可以参考下面的步骤来帮助自己认识员工，并制定员工的发展规划，进而达到驱动员工工作的效果。

1. 摸底了解

管理者可以通过向员工发放“员工职业生涯发展调查表”的方式认识并了解员工的需求意愿。

包括兴趣、爱好、对现岗位的意见、职业发展方向等

通过调查表初步了解员工的发展意向，同时还可以建立专门的员工发展档案，以便对员工进行动态管理。

2. 考核评价

针对员工在平日工作中的表现进行总体评价，结合员工发展意向，为其拟定个性化的未来蓝图。

（1）基本条件：性别、年龄、学历等

（2）知识与经验

（3）个性特征

（4）能力：一般能力（即智力）和特殊能力（即语言表达能力、人际交往能力等）

（5）业绩：现有岗位的业绩如何

3. 沟通反馈

管理者通过调查表和考察评估，初步拟订员工发展计划，并与员工就发展计划的方向进行面谈沟通，在交换意见后，最终商定未来蓝图。

此举不仅能够帮助管理者制定更加准确的员工发展规划，还能够增强员工的主人翁意识，从而激励自己努力实现发展计划中的目标。

下面通过一个案例来了解管理者怎样帮助员工清晰地“看到”未来蓝图。

某企业销售部大区经理刘明根据员工的发展意愿和公司内部的需求，为新招入的员工李想制定了一份发展规划。

员工的发展意愿：李想具有较强的语言表达能力和人际沟通能力，并且他表示愿意朝着销售类的工作方向努力。

公司内部的需求：公司市场急剧扩大，并计划在几年后上市，因此需要大量的销售人才。

李想的未来蓝图

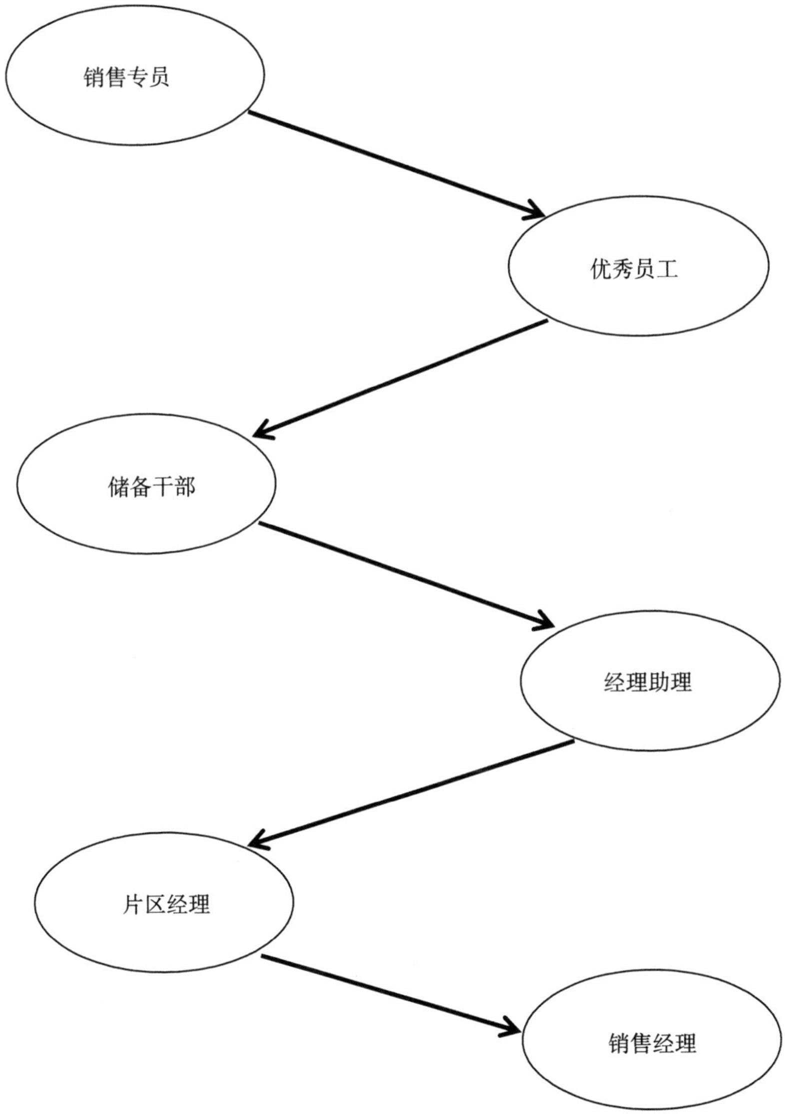

3.2 合理设定目标

“如果领导者不能清晰、明了地指导员工，即使领导者有很多优秀的计划和愿望，也会导致员工们缺乏方向感和良好的执行力。”

——克里斯丁洛策

明确的目标是员工奔跑的方向，如果目标模糊不清，很可能导致员工失去方向，打乱执行的节奏，从而无法顺利完成任务。

案例 1

某公司提出一个目标：要按照国际一流标准建设好队伍。这个目标听起来确实很振奋人心，但怎么实现呢？似乎不很明确。

案例 2

管理者把一项任务交给员工，并嘱咐员工：“一定要尽快完成。”但尽快有多快？一个小时？一个星期？还是一个月？对于管理者和员工双方来说，这都是一个模糊的概念。

案例 3

管理者下达了一项任务：“这项任务时间紧迫，月底之前，我们必须生产出这批产品。”虽然这项命令看起来已经很明确，但是最终仍然可能完成不了。如果管理者能够将这项任务平均分配到每个工作日、每位员工，那么完成的概率就大大提升了。

以上三种任务目标都具有不合理、模糊的特点。一个合格的、可执行的任务目标需要满足 SMART 原则。

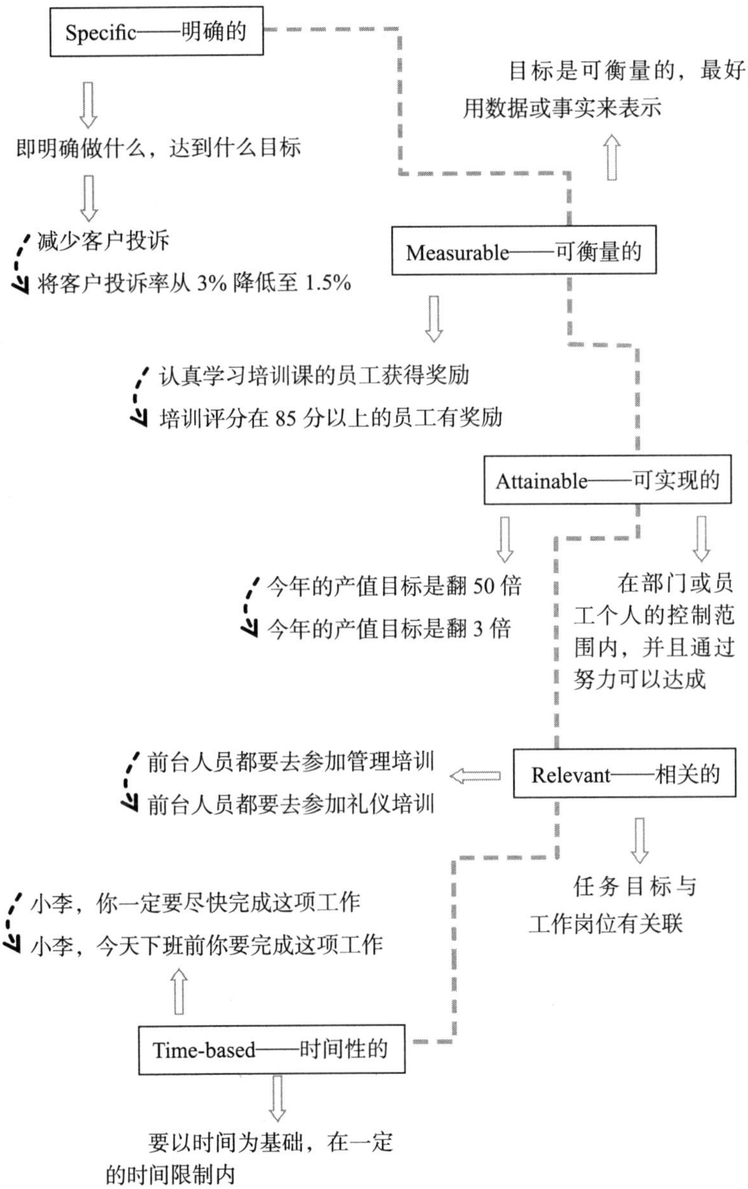

除了依据SMART原则，管理者在制定目标时，还要注意如下细节内容。

细节 1：制定的目标数量越少越好

管理者制定的目标数量应尽可能少，如果数量过多，很可能使得执行员工左右摇摆而停滞不前。

细节 2：制定的目标要有挑战性

目标既是可以实现的，也应该是具有一定挑战性的，否则太易达成，往往助长员工的骄傲情绪。

细节 3：任务越是困难，越需将其分解成一个个短期目标

面对较困难的任务，大多数员工都存在畏惧心理，这时，管理者可以适当调整任务目标，将其分解成为一个个短期目标。

细节 4：目标应有书面的记录

书面目标便于时刻提醒员工，也便于员工适当调整工作时间和资源，最终实现目标。

3.3 适时管理授权

授权是指通过管理者授予员工更高或更重要的权利，用以激发员工的工作热情，提高员工的工作能力。一般来说，授权适用于工作意愿较高的员工。

授权提升自信

某企业有位张经理向来挑剔，某天他看到产品研发部的一位调色师正在调一款唇彩产品的颜色，走过去随口说了一句："这口红颜色真难看。"

这位调色师站起来回复道："第一，这款唇彩的颜色还没有完全定案，定案后我会拿给你看，你现在不必担心；第二，我是一个专业的调色师，我自信我比你更专业；第三，这款唇彩是给女人用的，而你是男人，如果所有女人都喜欢，而你不喜欢没有关系，如果你喜欢，别的女人不喜欢，那就麻烦了。"听完，张经理知趣地走了。

这位调色师在面对他人质疑的时候，自信地行使了上级管理者赋予的权利，而不是在面对质疑时，急于自我怀疑和否定，这就是授权的威力。

管理者在进行授权时需要遵循一定的原则，一般来说，主要有下面六个原则。

1. 量力授权，视能授权

管理者应根据贡献付薪，根据潜力升值，而不应“因人设事”、“因功授权”。

2. 以信为重

授权的前提是充分信任被授权的员工，避免事事过问、时时过问的情况。

3. 明确职权

管理者应具体指出员工的权限范围，并通知其他员工授权已经发生。

4. 授权下级

管理者只能对自己的下属员工授权，避免越级授权。

5. 适度授权

授予的权利是管理者职权的一部分，而不是全部。

6. 授中有控

管理者应当建立控制机制，以监督员工的工作进程，保证任务按时、保质、保量完成。

授权是一门艺术，授权不当有可能会造成严重的后果，所以，管理者在授权时可以按照下面的步骤进行，以保证授权顺利且有效地实现。

1. 确定授权范围

管理者需事先整理好自身职责范围内的各项工作，并对这些工作进行评估，从而确定授权范围。

- （1）整理工作的要点：区分属于自身职责和不属于自身职责的工作
- （2）评估的要点：对工作事项的轻重缓急进行评估
- （3）确定授权范围的要点：重要的、出错后会造成巨大影响或损失的最好不要列入授权范围

2. 员工评估和方法选择

管理者在授权前需评估下属员工的工作准备度（即员工对于接受、负责和完成一项具体任务所表现出来的能力和积极意愿的程度）是否与授权的要求相匹配，随后，管理者应根据评估结果选择最为合适的授权方法。

员工类型	授权方式
意愿高，能力强	采取充分授权的方式，全力支持员工的工作，并尽量减少干预，表现出充分的信任
意愿高，能力不足	采取逐步授权的方式，肯定其工作意愿，并鼓励其有计划地提升自身能力

3. 授权沟通

管理者在授权过程中，需根据拟授权工作的实际情况，与被授权员工进行充分有效的沟通。

- （1）管理者可适当强调授权工作的重要性，以“地位感”激发员工热情
- （2）管理者应对员工的工作能力进行充分肯定，并对其充满信心
- （3）避免过分强调工作的紧迫度，以免给员工造成压力，影响授权效果
- （4）管理者应充分听取员工关于授权工作的看法和建议，并激励其拟订有效的施行计划

4. 下达授权通知

管理者在与员工进行充分沟通并达成一致意见后，应在部门内部下达工作委派通知，要求相关员工配合被授权员工完成工作。

5. 监督与控制

管理者应定期对授权工作进行监督，及时审查员工提交的工作报告，以便及时更正或纠偏，引导员工快速有效地完成工作。

下面通过一个案例来了解管理者应如何在实际激励管理中应用授权。

王经理是某大型连锁酒店新上任的大堂经理，负责大堂各项事务的管理工作。他凡事都要亲自过问，尽职尽责。但是，酒店员工却对这种集权式的管理模式存在很大意见，导致工作积极性不高，以至于顾客对酒店的服务不满意。

王经理采用集权式的管理模式，形成了“领导干，员工看”的局面，员工无法体现自身价值，因此工作积极性差。

于是，王经理决定采用授权措施对下属员工进行激励。

1. 王经理通过分析自身工作，确定出可以授权的工作事项。

2. 召开工作会议，在会议上宣布实行授权，并公布具体的内容。

酒店大堂工作分配表

岗位人员	工作职责	授权工作
清洁人员	负责大堂环境的清洁、打扫工作	对上一班次的清洁工作进行检查并填写检查报告
接待人员	接待顾客并为其办理入住手续	处理一般客户投诉
保安人员	负责酒店安保工作	检查大堂服务人员的着装、举止是否符合酒店规定

3. 对授权员工进行适当的监督和激励，并对表现突出者进行物质奖励。

3.4 精确下达指令

“一个人必须知道该说什么，一个人必须知道什么时候说，一个人必须知道对谁说，一个人必须知道怎么说。”

——现代管理学之父　彼得·德鲁克

下达指令是一项技术活，精确的指令传达是执行的必要前提和保障。一些管理者在下达指令时很少与员工进行沟通和交流，因此，在下达指令时带有明显的随意性和模糊性，从而无法达到驱动员工干劲的目的。

某公司总经理助理柳金接到总经理交代的一项任务——准备一篇讲述公司现状的文章。

柳金接到任务后，加班加点地搜集资料、修改润色，一周之后，将洋洋洒洒数万字的文章交给了总经理。他以为会得到总经理的认可和赞赏，但是事与愿违。

总经理看到这厚厚的一摞稿件，脸色立马阴了下来：“我让你写的这篇文章是要刊登在报纸上的，你写这么多，怎么刊登？”

柳金感到非常委屈：“您也没说是要刊登在报纸上的呀，我以为您是给新员工培训用的。”

有这样一句话：你的期望越模糊，失望的可能性就越大。因此，管理者一定要精确下达指令，将所分配的任务描述清楚。

一般来说，管理者所传达的指令若要做到精确，应包含以下要素。

- 任务是什么？
- 完成这项任务的意义是什么？
- 你所期望的目标和效果是什么？
- 你希望员工在什么时间完成？
- 员工可行使哪些权利？
- 执行过程中可能出现的情况有哪些？

发出指令是每位管理者每天必做的工作。大到企业年度计划任务的部署，小到部门的简单任务通告，这些都属于指令。面对这么多指令，管理者应如何保证精确下达且容易理解呢？

下面介绍两种较为实用的方法。

1. 5W2H 法

5W2H 法是一种简单且有效的下达命令的方法。这种方法常常适用于比较简单但是又容易出现纰漏的任务。

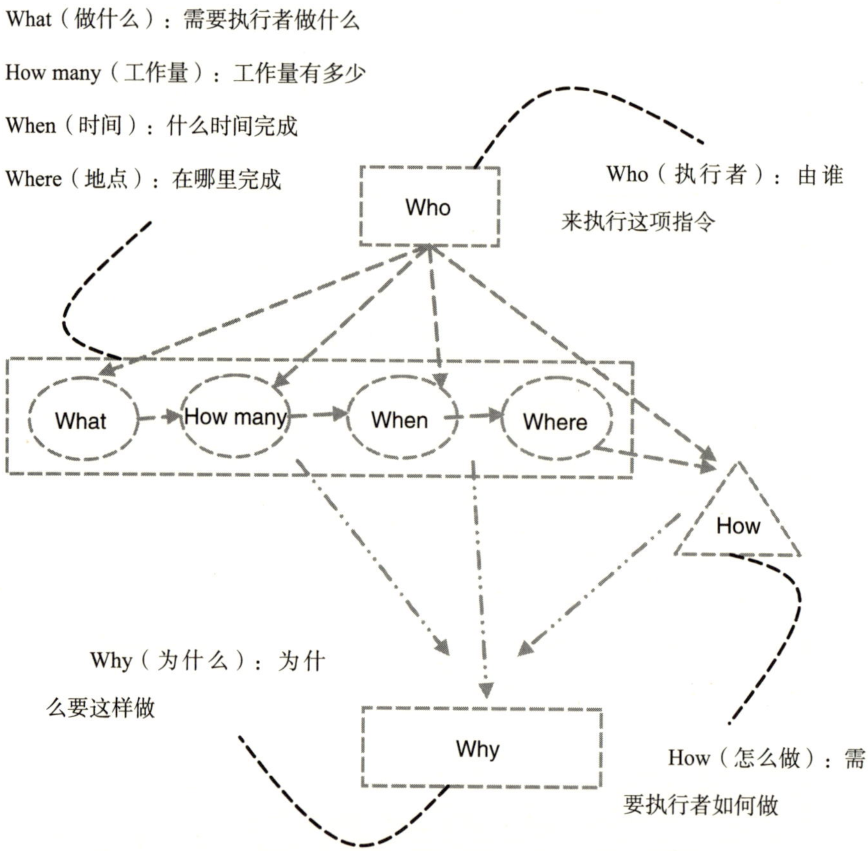

下面通过一个例子来详细阐释 5W2H 法的应用。

有这样一项任务，用5W2H法分析后可得出如下要点。

Who（执行者）：张小姐

What（做什么）：复印调查报告

How（怎么做）：高质量复印

When（时间）：下班前

Where（地点）：送到总经理室

How many（工作量）：两份

Why（为什么）：总经理给客户看

那么管理者可以针对这项任务下达如下指令：

“张小姐，请你将这份调查报告复印两份，于下班前送到总经理室交给总经理；请留意复印的质量，总经理要拿给客户看。”

2. 表格法

传达指令不仅仅只有口头传达这一种途径，还可以借助文件进行传达。面对较为复杂的指令时，管理者可以设计一张指令表格（具体示例如下），将指令完完整整、精确明白地传达下去。

<table>
<tr><th colspan="5">生产指令单</th></tr>
<tr><td>生产产品</td><td></td><td>生产数量</td><td colspan="2"></td></tr>
<tr><td>执行人</td><td>组长：
组员：</td><td>完成日期</td><td colspan="2"></td></tr>
<tr><th colspan="5">生产计划</th></tr>
<tr><th>序号</th><th>工艺</th><th>计划生产量</th><th>计划完工日</th><th>计划合格量</th></tr>
<tr><td>1</td><td>丝印</td><td>×××</td><td>×××</td><td>×××</td></tr>
<tr><td>2</td><td>打孔</td><td>×××</td><td>×××</td><td>×××</td></tr>
<tr><td>3</td><td>冲压</td><td>×××</td><td>×××</td><td>×××</td></tr>
<tr><td>4</td><td>……</td><td>……</td><td>……</td><td>……</td></tr>
</table>

管理者在下达指令时，也可以借助一定的技巧帮助自己达到想要的效果，而说明目的法和关键词法都是不错的选择。

1. 说明目的法

说明目的是为了消除管理者和员工“想当然”的错误思想：管理者认为目的显而易见，自己不必多加解释；而员工则倾向于站在自己的角度来揣测管理者的目的，这样便很容易出现偏颇。这就要求管理者及时说明目的，使得员工理解管理者的意图，从而顺利完成任务。

> 在本节开篇的案例中，如果总经理对柳金说明写这篇文章的意图——发表在报刊上作为招聘文案使用，柳金便不会浪费一周的时间去完成一项毫无价值的任务了。

2. 关键词法

管理者在下达指令时，应该提取关键词，告知员工什么是自己想要的，要达到什么样的目的，以帮助员工把握指令内容。

在传达的指令信息量较大时，人们的记忆力通常会呈现这样的特点：比较容易记住靠前的信息。因此，管理者在下达指令时，最好把关键词放在谈话的开头，以便使得员工更加精确地接收指令。

3.5 知晓员工的需求

高明的管理者，能够使员工的需求与企业目标协调一致。

俗话说："浇树要浇根，带人要带心。"管理者若要做到赢得员工的心，关键在于了解员工的"心里话"，摸清他们真正的需求所在，然后满足这些需求。员工在需求得到满足的状态下工作，远远比在未得到满足时的工作效率更高。

一般来说，员工的需求无非有两种：一是物质需求；二是心理需求。

1. 物质需求

显而易见，物质需求是员工对薪水和福利待遇等方面的需求。这是保证员工基本生活情况，使得员工顺利开展工作的基本保障。

沃尔玛首席执行官克拉克的抉择

沃尔玛首席执行官克拉克曾讲述过这样一段经历。

克拉克之前是一个大企业的司机，他为这个企业开了17年的车，但是他最终决定放弃这里的一切，去沃尔玛工作。

当别人问："你是怎么做出这样的决定的？毕竟你在那里已经工作了17年了。"

克拉克是这样说的："我为上一家企业开了17年的车，但是直到我离开我仍然只拿700美元的月薪，而沃尔玛却给了我承诺，并给我制订了'利润分享计划'，你说，我该做何选择？"

2. 心理需求

管理者在满足了员工最基本的物质需求之后，更应该用心关注员工的心理需求。

"铁血宰相"也暖心

知名企业 GE 有一位"铁血宰相"——杰克·韦尔奇，他是一位讲究办事效率的管理者，故而对员工要求较为严格，但是，员工仍然很喜欢在他手下工作。原因何在？我们可以通过如下案例来了解。

某天，一位中层管理者向韦尔奇汇报一项重要工作。这位中层管理者知道，让韦尔奇通过报告不是一件容易的事情。在汇报时，由于过于紧张，这位中层管理者满头大汗，他坦白地告诉韦尔奇："我太太跟我说，如果我的报告不能通过，我就不用回家了。"

在汇报完成后的当天下午，韦尔奇派人将一瓶高级香槟和一束玫瑰花送给了这位管理者的太太，并附上了一张便条："您先生今天表现得非常出色，我非常抱歉让他和您在最近几周备受煎熬。"

虽然在韦尔奇的手下工作压力异常大，但是这位中层管理者仍会坚定不移且动力十足地为其工作。这一切的根源在于韦尔奇给予的特别的"精神奖励"充分满足了员工的心理需求。

全球著名的管理咨询顾问公司盖洛普公司曾根据众多被测试者的回答，通过分析和比较，得出了除薪酬和福利待遇之外的员工的 12 类需求。

1. 在工作中我知道公司对我有什么期望

2. 我拥有做好工作所必需的器具和设备

3. 在工作中我有机会做我最擅长做的事

4. 在过去的七天内，我的工作表现得到了认可和表扬

5. 在工作中我的上司认可我的工作能力

6. 在工作中有人常常给予我鼓励

7. 在工作中有人愿意听取我的意见

8. 公司的使命或目标使我感到工作的重要性

9. 我的同事们也在致力于做好本职工作

10. 我在工作中经常会有一个最好的朋友

11. 在过去的六个月中，有人跟我谈过我的进步

12. 去年，我在工作中有机会学习和成长

管理者在挖掘员工心理需求时，可以参考以上 12 类需求，以帮助自己做到正确定位需求、精确满足需求。

若要了解员工的需求，沟通是必须的途径。但是沟通一定要讲究方式和方法，否则会适得其反。

误读员工需求的案例

张莉最近业务开展的不顺利，她非常希望自己能够有机会得到销售高手的指点。正巧，她的主管前来询问她近期的情况，她摇了摇头说："这周的业务进展并不顺利，我甚至怀疑自己不适合做销售部的工作，而应去其他部门试试。"

主管想：她是不是对销售业务不感兴趣，虽然我很想指导她，但还是算了吧！于是，他便说："好的，你的提议我会考虑一下。"

一周之后，张莉"如愿"收到了调到其他部门的通知单。

沟通是知晓员工需求最直接、最有效的方式，但是沟通一定要深入，不能想当然，否则很容易造成一定的误解，进而影响员工的发展。

管理者想要探知员工的需求，并不仅仅局限于直接询问的方式，也可使用一些其他的技巧。

1. 换位思考

管理者要经常换位思考，即站在员工的角度看待问题，并审视员工所处的环境，考虑员工的需求和真实感受。

2. 细心观察

管理者在平日的工作中要细心捕捉员工一言一行中透露的信息，多留意员工情绪上和精神状态上的变化。

3. 征集意见

管理者可以通过问卷调查、征集意见的方式，及时了解员工的想法，并向员工征求最新的诉求和意见。

4. 外部了解

管理者可以通过与员工的亲戚朋友、家人以及同事和客户积极交流的方式，从侧面间接了解员工个人和家庭的实际情况。

3.6 激发员工的潜力

在企业管理中，激发员工潜力是每一位管理者必备的能力和必做的工作。

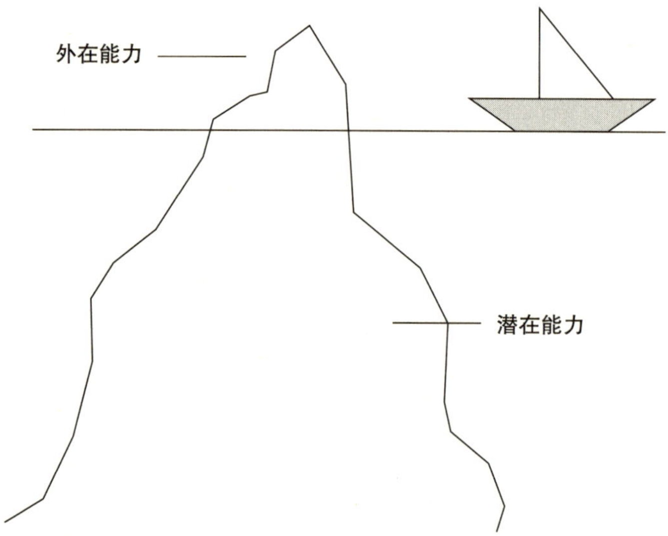

潜力是什么？潜力就相当于隐藏在水面下的冰山，任何人都无法得知冰山有多大。根据某项调查显示：每位员工大约都有着 30%~40% 的才能没有得到施展。这并不是员工的工作不够努力，而是他们的潜力没有得到充分开发，管理者应适时激发员工的潜力，使其能够创造更多的价值。

但是一些企业往往把员工看作制度和决策的执行者，却没有认识到潜藏在员工背后的巨大宝藏，从而扼杀了员工的积极性和创造性。

每位员工都有着不自知的潜在能力和特长，管理者要通过各种途径激发员工的内在潜力，使其发挥最大的价值。

著名学者尼尔森认为，企业经营管理者不应再像过去那样扮演权威角色，而是要设法以更有效的方式，间接激发员工的潜力，为企业创造最高效益。为此他拟定了激发员工潜力的十大原则。

1. 亲自向员工的杰出工作表现表示感谢，可一对一的亲自致谢或书面致谢
2. 花些时间倾听员工的心声
3. 对个人、部门及组织的杰出表现，提供明确的回馈
4. 创造一个开放、信任及有趣的工作环境，鼓励员工提出新的建议和意见
5. 让每一位员工了解公司的收支情形、公司的新产品和市场竞争策略
6. 让员工参与决策，尤其是那些对其有影响的决定
7. 肯定、奖励及升迁等，都应以个人工作表现及工作环境为基础
8. 加强员工对于工作及工作环境的归属感
9. 提供员工学习新知识及成长的机会，告诉员工在公司的目标，并帮助员工完成个人目标
10. 庆祝成功。无论是公司、部门或个人，都要花些精力给团队，可以举办士气激励大会或相关活动

尼尔森的结论可以帮助管理者总结出一些激发员工潜力的途径。

1. 柔性管理，带动氛围

一个尊重、信任、关怀的工作环境往往能够带动员工积极投入工作。当员工感觉受到尊重、信任和关怀的时候，他的思维和才智才能得到最大程度的发挥。否则，处于重压之下的员工容易滋生各种不满情绪，从而影响工作的进度。

2. 科学的岗位、职责安排

管理者要做到量才适用，即将员工安排在什么样的岗位，规定其做什么样的工作，要根据员工的能力和兴趣而定，这也是激发员工潜力的根本保障。

3. 常沟通

据某项调查显示，企业70%的问题是因为缺乏沟通引起的。缺乏沟通也同样无法挖掘员工的潜力。管理者可以运用下面两种常见的沟通技巧来挖掘员工的潜力。

（1）语言激励法

当员工的工作有点起色时，管理者可以进行语言激励。想要挖掘更深层级的员工潜力，语言激励比金钱激励更好。

借助案例理解

一位车间主管向生产部负责人抱怨：“车间里太乱了，我没办法管了！”

于是，负责人走到车间外从玻璃窗往里看，有一位员工看到了，他赶快把他身边堆得乱七八糟的产品摆放整齐，同时把周围打扫干净。看到这位员工整理完，负责人走进了车间，并表扬了这位员工：“这不是做得很好吗？我相信其他人也一定能做到！”第二天，车间主管便看到车间里的物品摆放很整齐，地面很干净。

（2）激将管理法

通过“贬低”员工的能力和行为增强员工求胜的欲望，从而激发员工的工作积极性。

借助案例理解

某公司销售员王珂的签单量一直很低，但是公司对他的能力还是比较认可。于是，销售部经理将王珂叫到办公室，对他说了这样一番话：“当初公司招你进来，对你的个人能力是相当认可的，但是事实上你的签单量却不尽如人意，辜负了公司对你的期望，看来你的能力真的不行。”

王珂听完相当气愤，他决定这一次要让经理对他刮目相看，于是向经理保证下个月的签单量一定能够达到 30 万元。

一个月后，王珂果然实现了目标。

沟通不仅仅局限于会议、谈话、报告等工作场合，管理者在非工作时间也可与员工谈论一些轻松的话题，从而挖掘员工潜力。

4. 让员工参与决策和管理

管理者通过共享信息，让员工意识到自身与企业利益息息相关。同时管理者还应倾听并采取员工合理化的建议，这样员工的积极性和责任感也会增强。

5. 严格公正的考核和奖惩机制

管理者应实行严格公正的考核和奖惩机制。对于优秀员工，应该奖励的给予相应福利，应该提拔的提供相应职位，并通过标杆示下的方式，激发其他员工的潜力。

6. 健全和完备的培训体系

培训是帮助员工发现自身潜力的一种重要途径。培训中设置的各种环节和内容可以帮助员工发现自己的兴趣和特长。

借助案例理解

联想集团是针对不同级别（新员工、普通员工、管理者）和专业类型（研发、市场、服务、生产）的人员建立培训体系的。员工可以根据自己的发展需要，有选择的参加公司提供的职业技能培训和专业技能培训。这些培训包括如下五个方面的内容。

（1）企业文化与发展战略培训，如文化理念、企业年度规划等。

（2）管理技能培训，如领导能力、沟通技巧、如何授权等。

（3）职业技能培训，如办公软件使用、网页制作、商务礼仪、演讲技巧等。

（4）自我拓展培训，如拓展训练、情绪和压力控制、提高自学能力等。

（5）专业技能培训，如销售技巧、项目管理、质量管理、技术人员的认证培训等。

3.7 引爆员工的兴趣

借助案例理解

美国曾对两千多位著名的科学家进行调查，发现很少有人出于谋生的目的而工作，他们大多出于对某一领域问题的强烈兴趣而孜孜以求、不计名利报酬忘我地工作，他们的成功是与他们的兴趣紧密联系着的。

苹果公司在其创业初期，员工们每周的工作时间不止80小时或90小时，这种狂热的工作情绪不是源于公司的强制性规定，而是源于员工本身对工作的乐趣。

不难看出，员工之所以能够在工作中达到忘我的境界，并品尝着“痛并快乐着”的幸福，是因为工作本身在很大程度上激发了员工的内在潜能。

而将这种潜能、幸福感与工作相连的一个最重要的因素就是兴趣。所以兴趣作为内在驱动可以让员工的职场体验更加丰富和完整。

孔子曰：“知之者不如好知者，好知者不如乐之者。”个人事业的成功与个人兴趣是紧密相连的，只有当兴趣与职业、岗位等因素相挂钩时，个人潜能才能得到最大程度的发挥。

根据霍兰德职业兴趣理论，职业兴趣一般分为六种类型，即常规型、艺术型、现实型、研究型、社会型、企业型。

当然，很少有人仅具备其中一种类型，多数员工都是两种或两种以上的混合型。

我们可通过霍兰德职业兴趣理论图来了解一下职业兴趣。

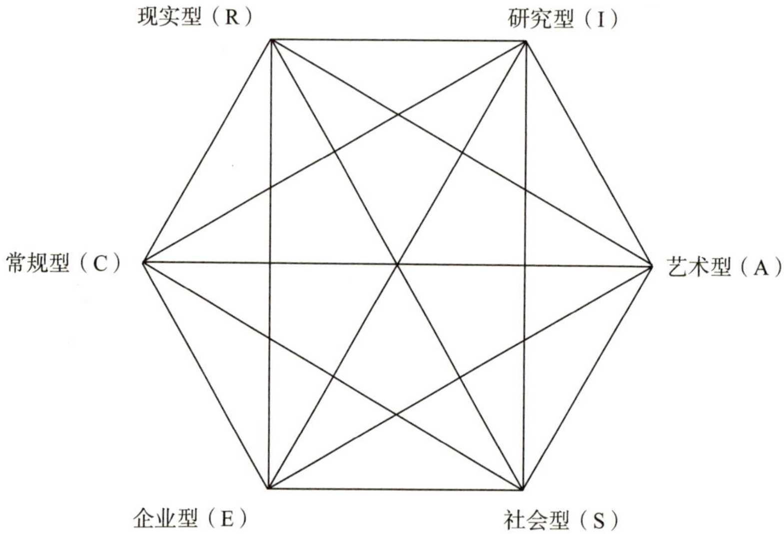

类型解析：

（1）常规型（C）：喜欢传统性的工作，这类人对数字比较敏感，具有很好的计算能力，喜欢室内工作，乐于整理、安排事物。

（2）艺术型（A）：喜欢艺术性的工作，如音乐、跳舞等。这类人喜欢创造性的工作，富有想象力。

（3）现实型（R）：喜欢机械性的工作，这类人通常喜欢户外工作，乐于使用各种工具和机器设备。

（4）研究型（I）：喜欢各种研究性的工作，这类人通常具有较高的研究能力，喜欢独立工作。

（5）社会型（S）：喜欢社会交往性的工作，这类人通常对别人的事很有兴趣，乐于帮助别人解决难题。

（6）企业型（E）：喜欢诸如推销、服务、管理类型的工作，这类人通常具有领导才能和口才，喜欢影响、控制别人。

在这个六边形中，存在四种关系，即适宜关系、相邻关系、相隔关系和相对关系。

（1）适宜关系，即每种人格类型的人适应从事同种类型的职业，如R型、I型。

（2）相邻关系，即每种人格类型的人选择从事与其相邻类型的职业，且比较容易适应，如RI，IA。

（3）相隔关系，即选择从事与人格类型有相隔关系的职业，由于两种类型之间有较高的相关性，个人经过努力也能够适应，如RA，RE。

（4）相对关系，即如果选择与人格类型相对的职业，则很难适应工作，如RS，AC。

管理者需要切实把握好以上六种职业兴趣，以及四种关系，以便帮助员工找到自己的兴趣所在，从而引爆员工的兴趣。

一般来说，员工对工作的兴趣主要有三个来源。

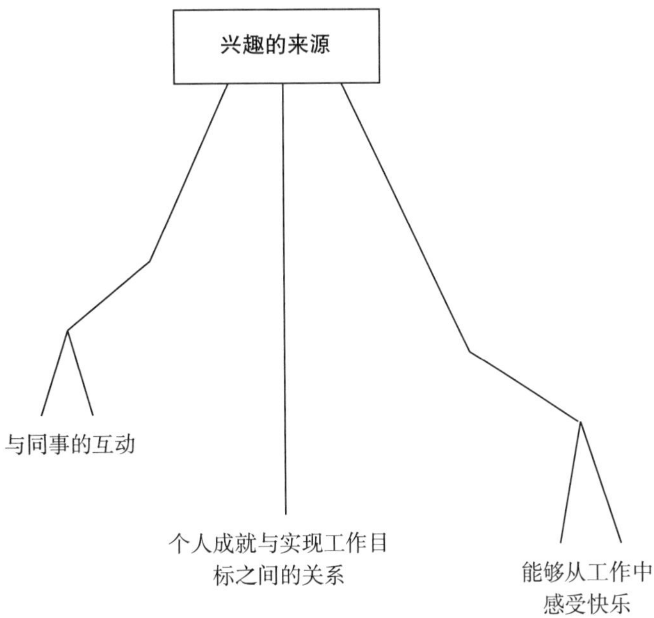

管理者引爆员工兴趣时，还需要遵守一定的原则。

1. 幸福原则

幸福是动力的源泉，要让员工幸福地工作，才能激发员工的兴趣。

2. 引导原则

兴趣作为员工自身的心理特征，不能在束缚和强制的环境下得到发展，它需要在管理者的适当引导下与企业的目标融为一体。

3. 尊重原则

尊重是加速引爆员工兴趣的催化剂。范弗里特曾说过，受人重视、得到赏识、引起注意的愿望是一个人最强大、最原始的动力之一。

3M 公司的"15% 规则"

3M 公司在尊重员工兴趣方面有其独到之处——推行 15% 规则，即允许每位技术人员利用工作时间的 15% 来"干私活"，也就是说允许技术人员搞个人感兴趣的工作方案，不论这些方案是否直接有利于企业。当员工产生一个希望的构思后，3M 公司会组织一个由该构思的开发者以及来自生产、销售、营销和法律部门的志愿者组成风险小组加以支持。

对员工进行兴趣管理，管理者不仅要考虑到员工已经具备的价值标准和心理需求，而且还要运用适当的管理方法和协调手段引爆员工的兴趣，实现兴趣与工作的完美结合。

1. 了解员工的兴趣

了解员工兴趣是管理并引爆的前提条件。

一方面，管理者可以在招聘环节中搜集员工的兴趣信息，如通过一些心理测试和个性测试等了解员工的兴趣所在。

另一方面，管理者可通过充分赋予挑战性的工作等方式来挖掘员工的兴趣，借此激励员工不断学习，并与他人互相交流信息，共享知识，从而激发员工对工作的极大兴趣和热情。

2. 让员工自由选择工作岗位

只有将合适的员工放在最恰当的岗位上才能最大限度地发挥其才能。管理者可以允许员工在一定的权限范围内自由选择岗位，这种信任感会激发员工仔细审视自身的优势和兴趣，从而选择自己最为感兴趣的工作。

3. 适当的岗位轮换

对于部分员工而言，他们并不十分了解自身的真正兴趣，而适当的岗位轮换可以帮助员工找到自己的兴趣所在。

4. 兴趣也可以培养

当管理者很难发现员工到底对哪种工作有兴趣时，管理者可以帮助员工培养兴趣。

（1）在员工工作过程中给予意见反馈和信息交流，使得员工发现工作中的有趣部分。

（2）在工作过程中进行适当授权，可增强员工的自主性和独立性，提高其信心，激发其兴趣。

（3）鼓励员工进行知识分享，这种方式不仅可以增强知识积累，而且还可以让员工了解企业内部的运作状况，拓展兴趣的广度。

Chapter 4

第 4 章 清除路障——提供支持

路障阻碍奔跑的速度，影响奔跑的心情。管理者要学会及时发现并清除路障，从而保证员工跑起来畅通无阻。

4.1 统筹安排资源

几乎所有员工在执行任务的时候都需要一定的资源，这些资源可以帮助员工更高效地完成工作。但是由于管理者统筹不利或者安排不当而导致的相关问题会形成员工前进路上的障碍，从而致使员工效率低下，工作积极性也会随之受到影响。相关问题大致可以归为以下五种。

1. 员工在相对应的岗位上没有得到与之匹配的资源。
2. 管理者没有为权重更大的岗位匹配更为重要的资源。
3. 统筹安排严重失调，导致某些岗位的资源过于丰厚，某些岗位的资源又过于匮乏，从而引起了员工的反感情绪。
4. 安排资源不科学，不足以支撑员工顺利地完成任务。
5. 安排的资源形同“鸡肋”，不能让资源得到充分的开发和利用。

为什么这些问题屡见不鲜？

为什么会出现这些问题呢？

管理者又该如何应对呢？

想要真正明白问题的根源，彻底解决难缠的问题，管理者需要先了解统筹的内涵和意义。它分为以下五个层面的内容。

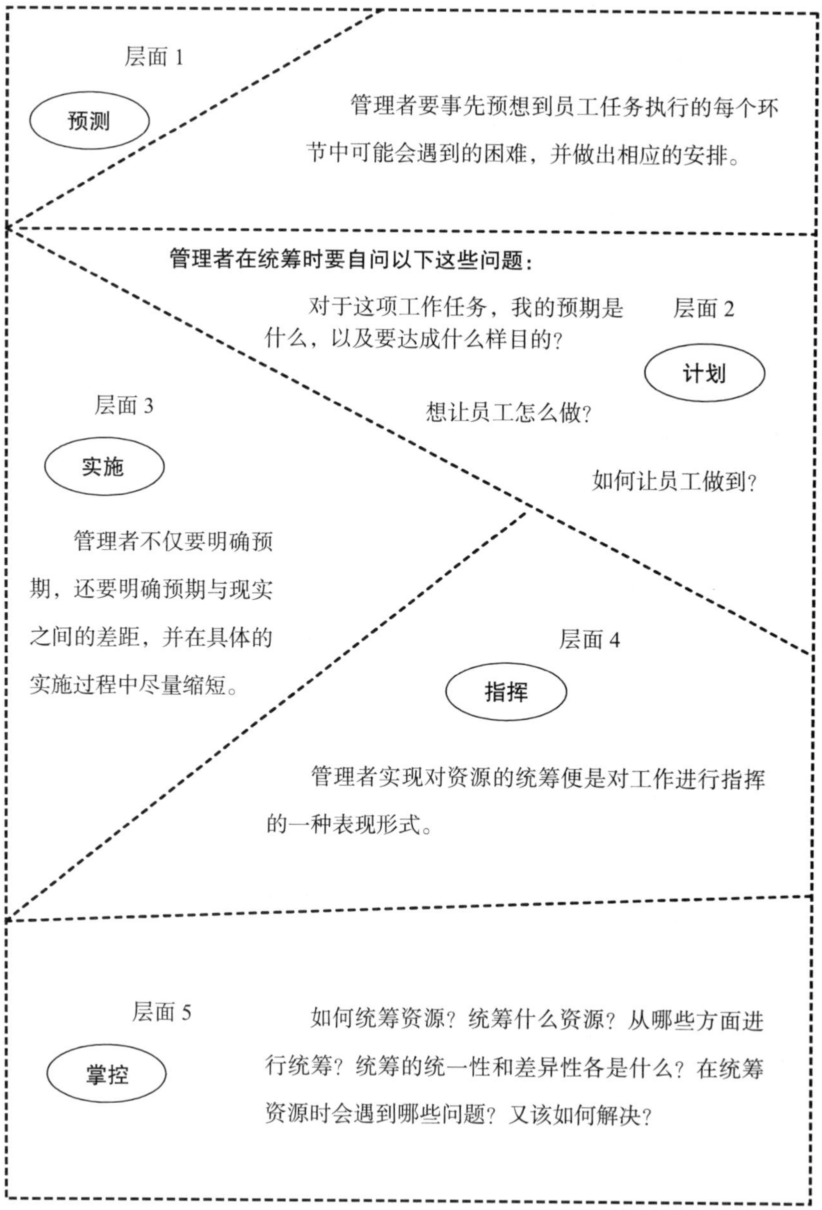

了解了统筹的涵义和层面后，接下来管理者要明确资源都大致包括哪些方面，如何才能更好地对所有的资源分类进行统筹。

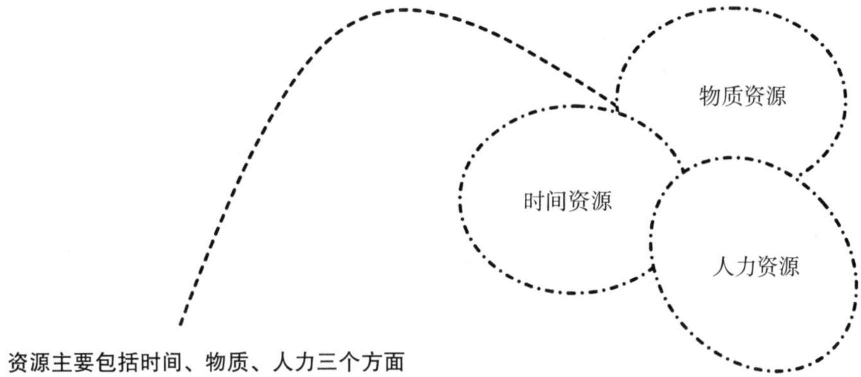

◇ **统筹安排人力资源**

田忌赛马的故事大家并不陌生，同样是上等马、中等马和下等马，田忌对这些马进行了科学的组合统筹，最终取得了胜利。

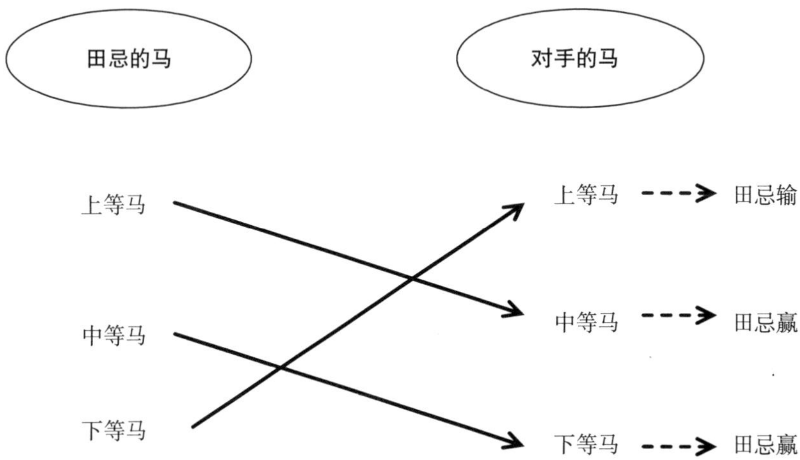

其实管理员工也和田忌赛马有着异曲同工之妙，员工的能力可能分大小，但是要学会将合适的员工放置于合适的岗位上，科学统筹人力资

源才能做到人尽其用，进而达到事半功倍的效果。

- 管理者：Tonny　员工：Jerry
- 事件：Tonny 为 Jerry 分配人力资源，为其清除“路障”

管理员工实例

在为Jerry分配人力资源之前，管理者Tonny首先明确了以下四个问题。

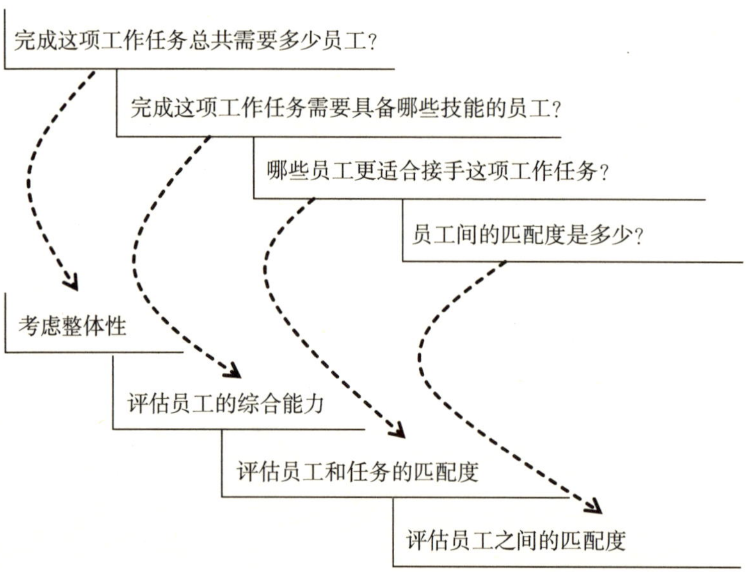

这样管理者 Tonny 为 Jerry 分配的人力资源也许不是最优秀的，但一定是最适合 Jerry 的，同时这样去分配团队成员，对于工作任务的完成也是最有利的。员工既能在执行任务的过程中体验一种愉悦感，又能感受到来自领导者的重视与尊重，这会促使员工在工作中进行自我激励。

◇ 统筹安排时间资源

管理者统筹安排时间资源要考虑到任务和员工两个层面。从任务的层面上来说，管理者需要辨别不同任务的性质，并在时间的调配上予以匹配，这样可以帮助员工解决时间运用方面的难题。从员工的层面上来说，管理者需要考虑到员工的性格、能力、意愿、目的、计划等诸多实际，并在时间统筹的起点、节点、关键点、结点等环节进行监督和把控。这样可以更好地为员工“导航”，并且尽可能地规避执行过程中可能会出现的障碍和问题，帮助其最终达到“目的地”。

任务的性质 ●●●

管理者可以从轻、重、缓、急四个维度来综合评估任务的性质。如果任务紧急且重要，要及时调配重要的资源，反之则可以酌情考虑减少资源。

图示

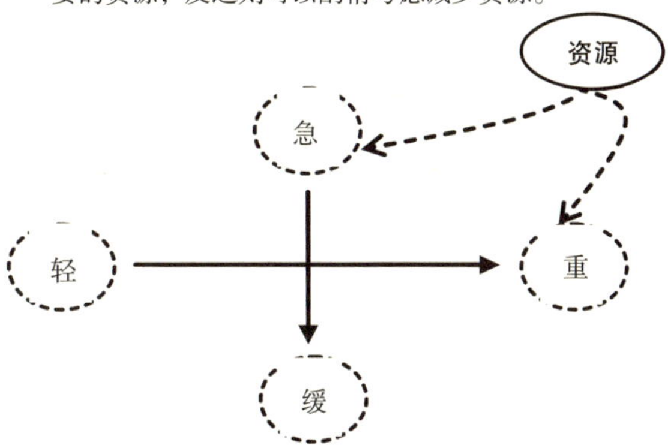

员工的实际情况 ●●●

在考虑员工的实际情况方面，管理者需要准确预估总体的时间资源，制定统筹时间资源的分配表，并且在具体执行的过程中做到不断调整和完善。

图示

人员时间统筹饼状图

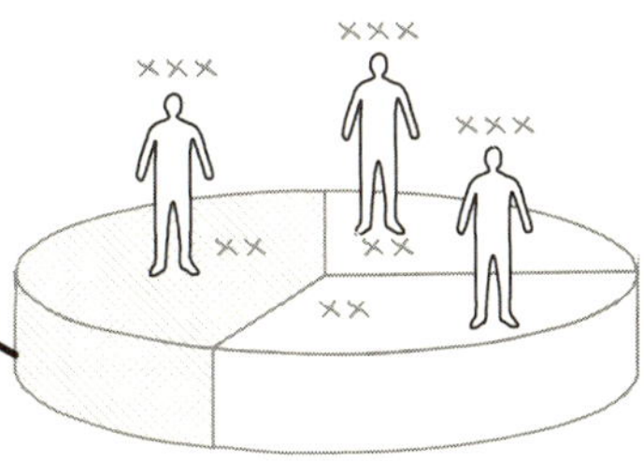

◇ **统筹安排物质资源**

管理者想要更加科学合理地统筹安排物质资源，首先需要明确的便是自己可以调配的物质资源都有哪些，这些物质资源的来源和去向是否明晰，有没有哪些遗漏。

通常来说，物质资源比较零散，种类更为多样，管理者难免会有遗忘和疏漏。因此，管理者整理出一份物质资源的清单就显得尤为必要，具体样例如下。

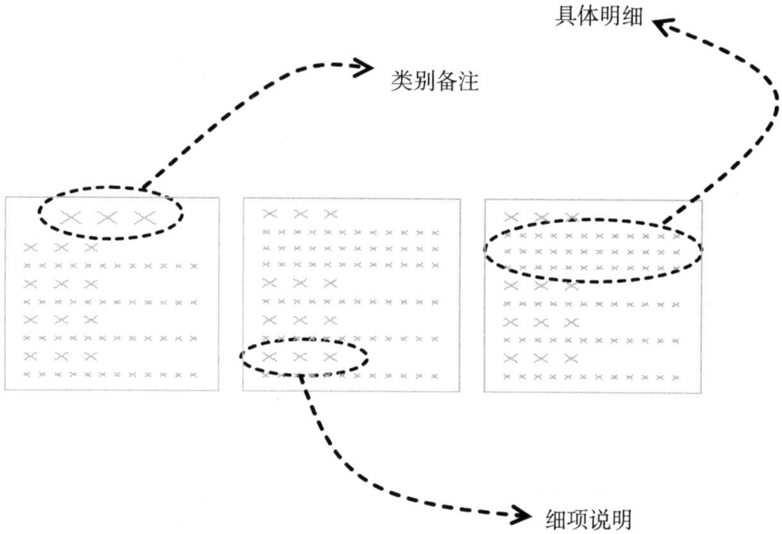

在整理完物质资源的清单之后，管理者接下来要明确的便是组织内部的架构体系了，不同的职位对应不同的权限，不同的权限在物质资源的调配方面有所差别，具体如下。

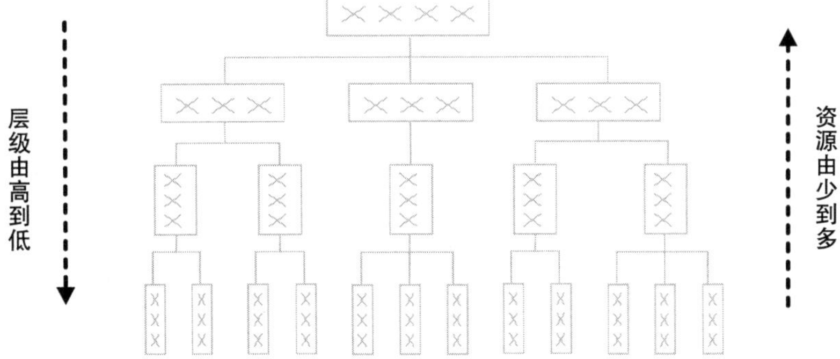

当然这样的物质统筹分配并不绝对，有时要酌情考虑实际情况并予以灵活调整。在明确以上两个事项之后，管理者可以综合列出一个物质资源统筹调配的表单，这样可以做到一目了然，按需调配，并且在发生了实际变动后还可以进行对照和调整，具体内容如下表所示。

物质资源统筹调配表

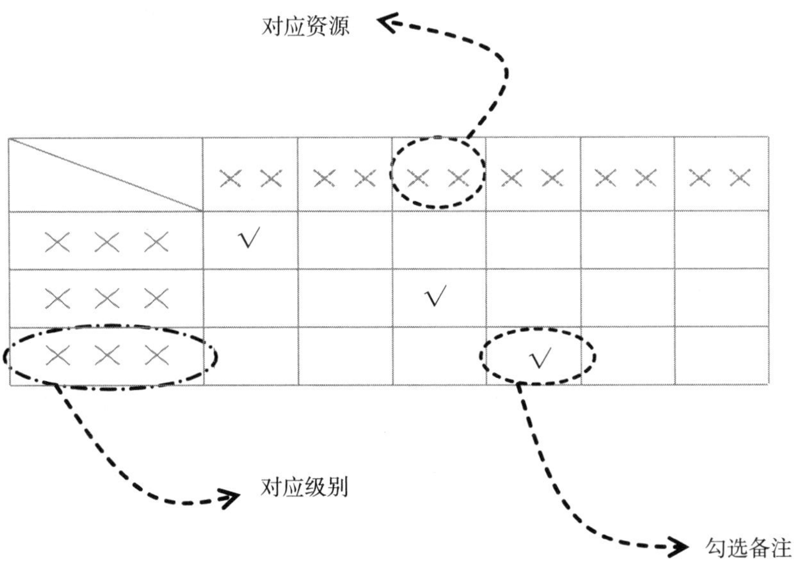

4.2 扫除执行障碍

“从管理者的角度来讲，两点之间最短的距离不一定是一条直线，而是一条障碍最小的曲线。”

——华人管理教育第一人　余世维

员工在执行任务的过程中会遇到各种各样的障碍，并且很有可能正是这些员工自身无法绕过的障碍导致了任务的失败和工作的停滞。

管理者想要为员工提供支持，其中一项重要的工作便是帮助他们清除执行跑道上的“路障”，进而保证员工在良性的轨道上运行。

不同个体间在思想、认识、性格和能力等各方面都存在差异，员工们在执行过程中也会存在特有的障碍。从主观个体角度来分析的话，大致可以分为以下三种。

◇ 认知障碍

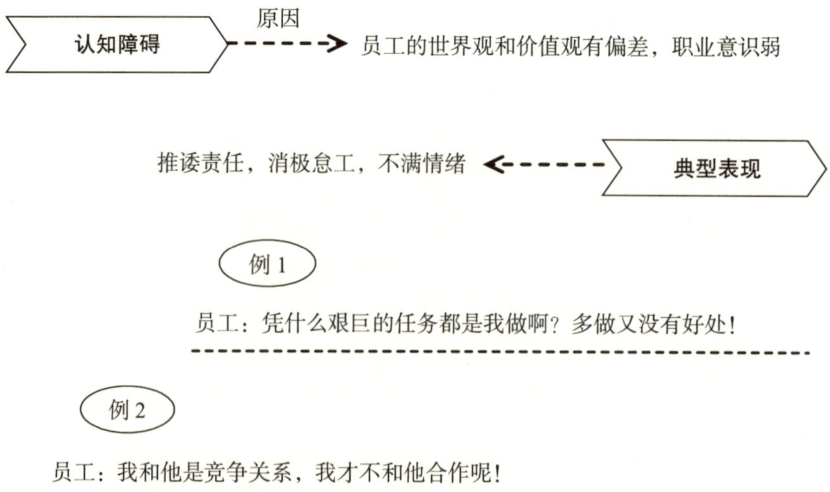

从上图不难看出，认知障碍从思想和意识上左右着员工的工作效率和积极性。如果管理者不把这个障碍清除的话，那便不能从根本上实现科学管理。

既然认知障碍的根源来自于思想与意识，那么管理者自然也要从思想与意识入手来帮助员工改变和成长。清除认知障碍大致可以分为以下三个要点。

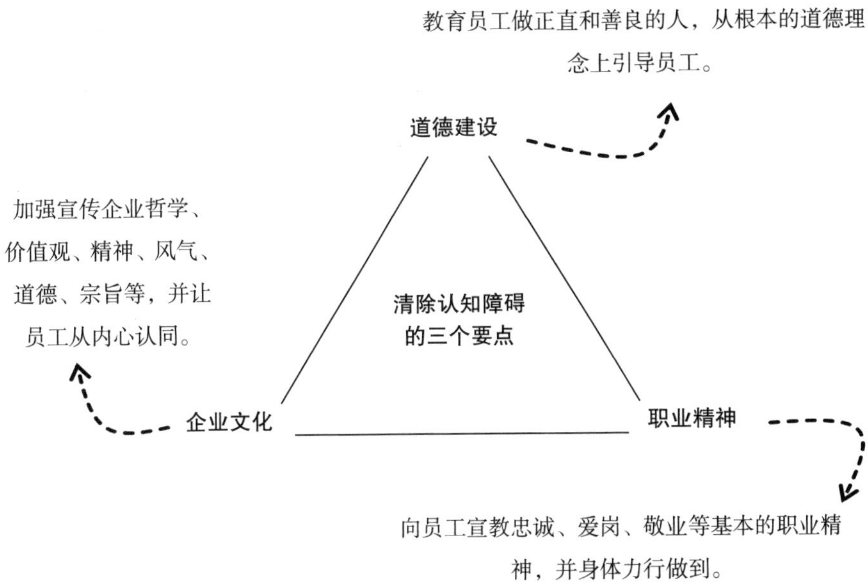

◇ **沟通障碍**

在执行工作的过程中，时时有沟通，事事有沟通，但并不是每一位员工都能做到精准表达、耐心倾听、有力说服和正确反馈。这便导致他们在工作过程中到处碰壁，却也只能叫苦不迭。

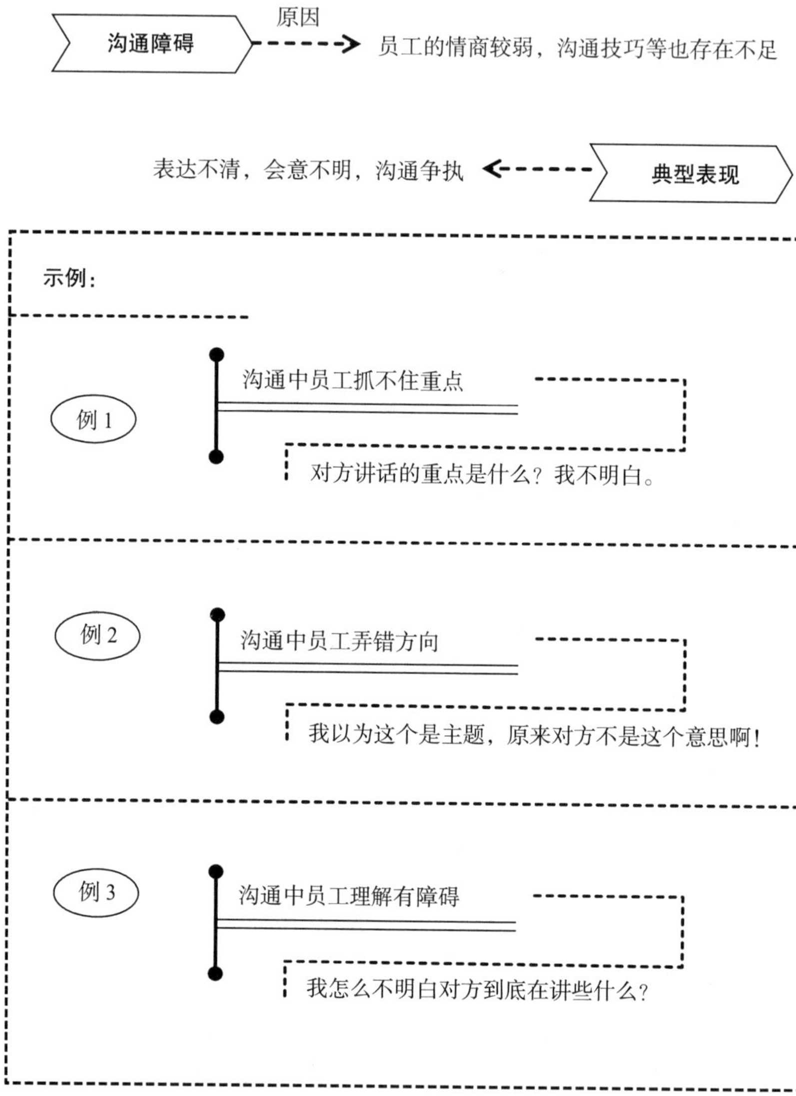

员工在沟通方面存在障碍，这种情况会严重影响他们的执行力度与结果。管理者要从发布指令、解决纠纷、结果反馈三方面入手清除员工的沟通障碍。

首先发布指令要明确，尽量做到“短、平、快”。管理者这样去和员工沟通才能最大限度地规避歧义，减少员工的理解误差。

发布指令要短该如何理解呢？这里并不是一定要求管理者惜字如金，而是从表达的效果和领会的意图上体现“短”的内涵，即管理者在描述指令时一定要做到言简意赅，抓住主题与核心词汇。

想要达到这种沟通效果，管理可以使用以下四种方法。

1 长话短说法

提炼句子主要成分，突出中心，去除不必要的修饰词。

示例：

管理者：这次任务的中心是在最短的时间内完成规定的任务。

2 短句糅合法

把短句按照逻辑糅合成复句，把几句话组成一句话。

示例：

管理者：所有设计部成员集中作战，在三天之内出一份紧急策划案。

3 难词简讲法

用简洁易懂的词汇代替晦涩难懂的词汇，避免过多解释。

示例：

管理者：这个任务通俗去理解的话就是将所有的数据进行打包处理。

4 勾勒框架法

把成体系的语句用框架的形式表达，可以省去过渡和解释环节。

示例：

管理者：这个任务要按以下顺序进行：一 ×××，二 ×××，三 ×××。

解决完下达指令的沟通问题之后，员工便进入执行阶段了。但是由于沟通能力欠缺，员工之间难免会在分工、合作、争取利益等方面发生口角，产生纷争。这种执行障碍会对员工甚至整个团队带来极大的负面影响，管理者需要进行说服与安抚。

管理实例

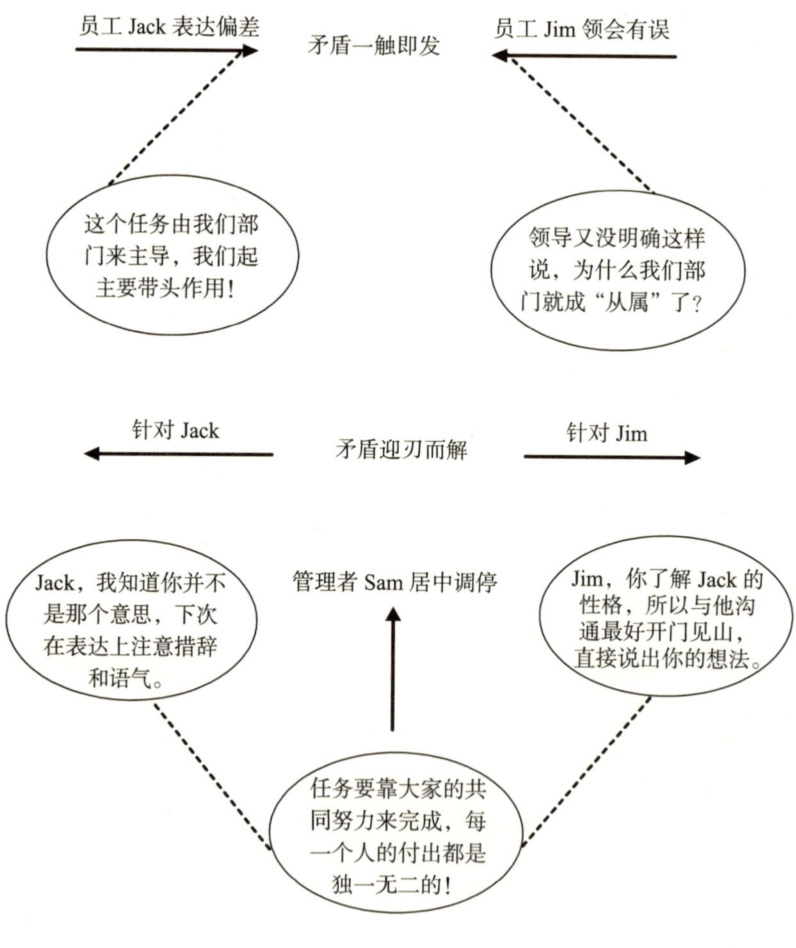

上述实例中的管理者Sam不仅从公平和共赢的角度平息了双方的怒火，更是指出了每个人在沟通中存在的问题，进而提出建议。相信很多管理者都会遇到员工之间因为沟通障碍引发的类似纠纷问题，在解决问题进行管理时，要学会把握以下六组相辅相生的原则。

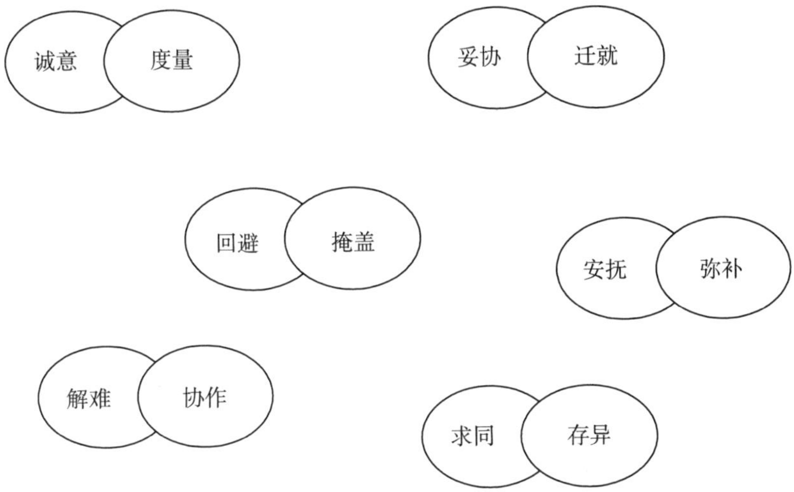

最后沟通中的结果反馈十分重要，有些员工不懂得向管理者反馈自己阶段性的工作，或者抓不住反馈的技巧，就不能有效地向管理者寻求建议和帮助。自身意识不到问题又难以借助别人的力量进行改变和突破。久而久之，积攒的问题自然会成为执行过程中的障碍。

管理者需要做的便是借助沟通技巧进行良性启发和引导，让员工敢反馈、能反馈、会反馈。这样障碍自然会随之得到清除。管理者可以从以下四点对员工进行引导。

管理者引导员工反馈的四个要点

1 封闭式技巧引导反馈

管理者向员工提出一系列封闭式问题，问题要相当明确，能让员工说出内心的真实答案。

示例：

管理者：你对目前自己的状态满意吗？只需要回答满意还是不满意。

2 开放式技巧引导反馈

开放式技巧较为广泛，通过这种方式可以明晰员工的整体工作思路，有利于展开进一步反馈。

示例：

管理者："最近如何？""对于××，你有哪些看法？"

3 递进式技巧引导反馈

采用递进式技巧，可逐步激发员工的思维，直至获得自己想要的答案。

示例：

管理者：你为什么想要这样去执行？初衷是什么？又为什么会产生这个想法。

4 启发式技巧引导反馈

采用启发诱导的方式，有针性地把采访对象内心的真实想法引导出来。

示例：

管理者：有这样一个实例，……对此你是怎么看的呢？

◇ 解决问题的障碍

执行过程很难保证一帆风顺，难免会出现各种突发事件和意外情况。这些都极为考验员工解决问题的能力。

如果员工在这方面应变不足，没有章法，便会导致任务的停滞甚至失败。所以管理者想要为员工扫除解决问题的障碍，就需要提供方法和工具上的支持，从而保证在很短的时间内帮助员工快速提升，并且更高效地解决问题。

模式法是由北京弗布克管理咨询公司首创的一种工作方法。它既可以快速引导员工思路，进入解决问题的正确轨道上来，又可以固定化为一个模板工具，帮助员工进行自我测评和监督。管理者可以选用这种方法扫除员工在解决问题方面存在的障碍。

这个解决问题的模式可以分为以下六大步骤。管理者将这个模式提供给员工，员工便可以从每个步骤入手，按部就班地进入解决问题的流程。

解决问题模式的六大步骤

① 界定问题——描述和定义问题，找到关键点并进行量化

② 干预问题——采取应急措施将损失降到最低

③ 确认原因——明确关键问题的根源

④ 寻找对策——针对起因思考对策：发散 → 集聚 → 具体化

⑤ 实施行动——严格按照计划实施对策

⑥ 跟踪验证——确认是否达到预期效果，进一步考虑改进的问题

4.3 屏蔽负面干扰

员工在执行的过程中常常会出现下面这些情况。

1. 员工无法集中精力去完成任务，即注意力无法集中。

2. 员工找不到一个坚定执行的方向，总是发生目标漂移的情况。

3. 员工的执行思路过于发散，无法形成贯穿始终的思维，并且经常被各种临时和突发的情况打断。

4. 员工在执行中不自信，经常还没有进入实际行动便打退堂鼓。

5. 员工在执行中产生各种不利于工作的负面情绪。

以上这些情况都会对员工的工作形成负面干扰。这会让他们心神不宁、思维混乱，进而影响执行效果。

管理者面对这种情况，应如何提供更好的支持。

如何管理才能杜绝这些负面干扰再次产生？

负面干扰通常难以规避和预料，这些都是员工在执行过程中遇到的突发障碍。

管理者想要为员工清除路障，屏蔽这些负面干扰，需要沿着以下图示的思路进行。

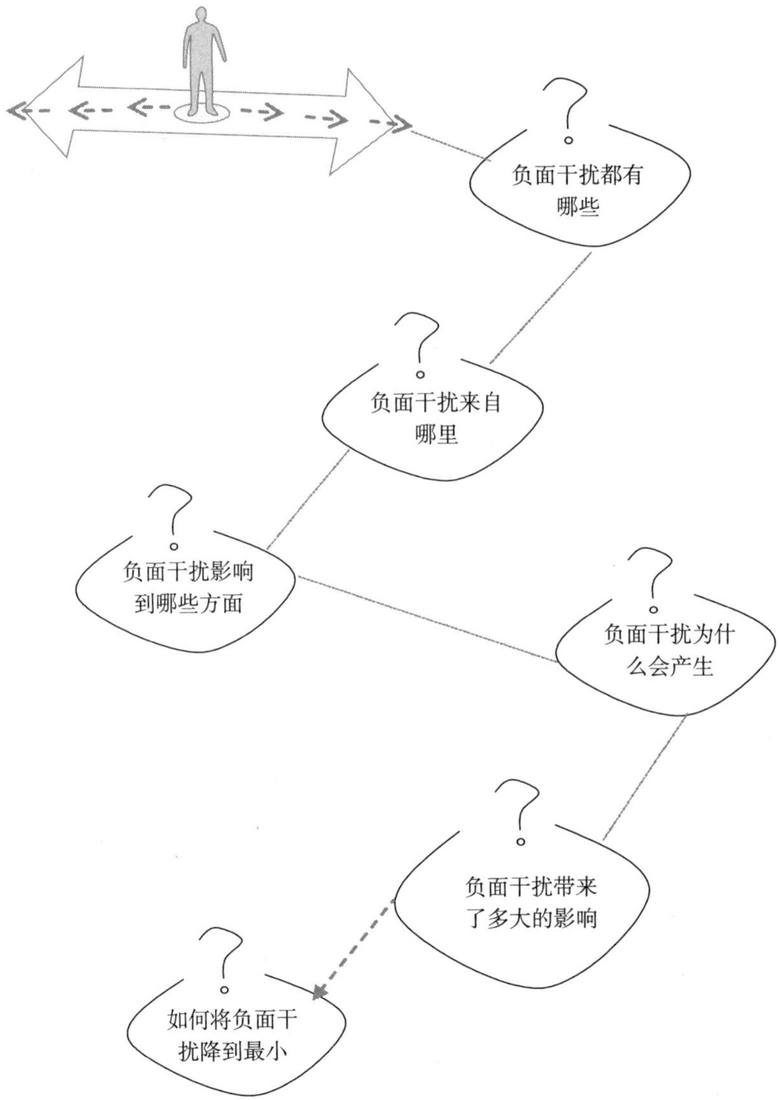

上述六个问题由一条贯穿的思路连接，即观察——分析——探寻——解决，具体内容如下。

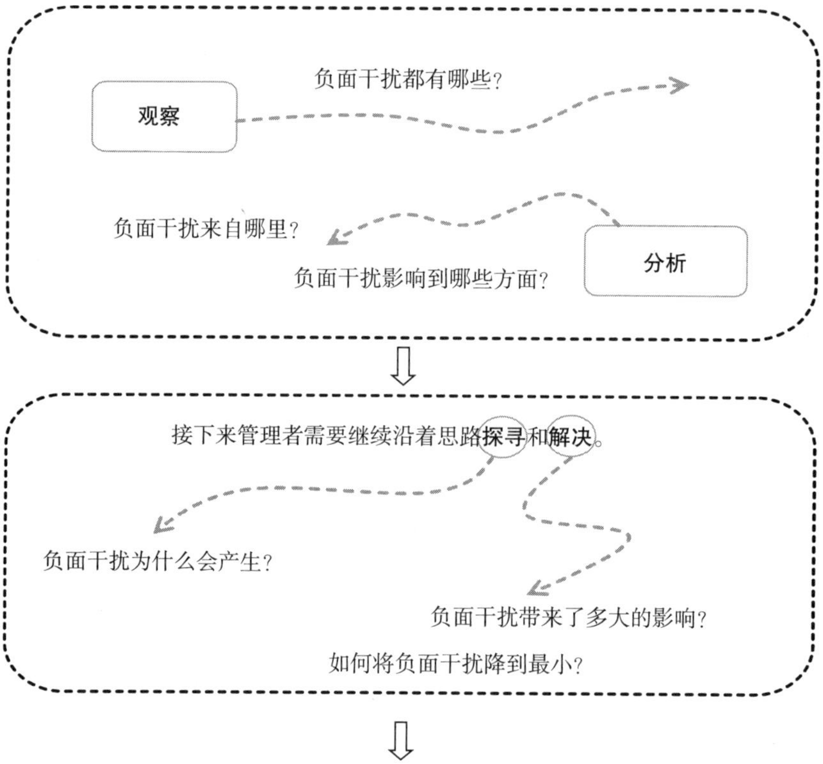

接下来要逐一剖析整个思路链条中的四个环节，管理者可以在这个过程中深入理解，并掌握如何屏蔽负面干扰的要点。

◇ 观察——负面干扰都有哪些？

在员工的执行过程中，管理者要定期关注他们的执行状态，并对执行结果进行监管。

这个工作需要管理者及时捕捉已经出现的负面干扰，并进行汇总和思考，通常可以从以下三个方面切入。

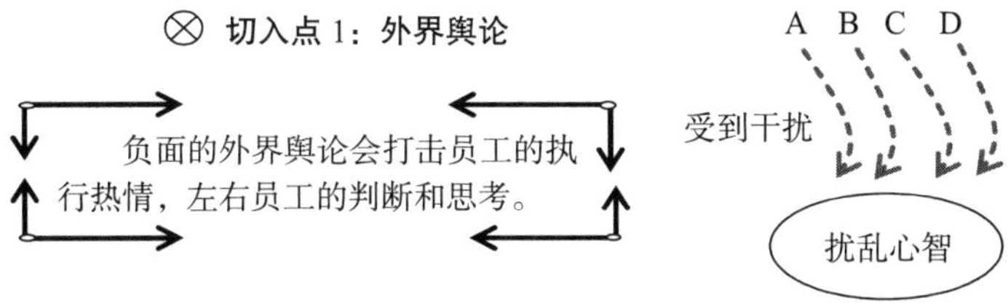

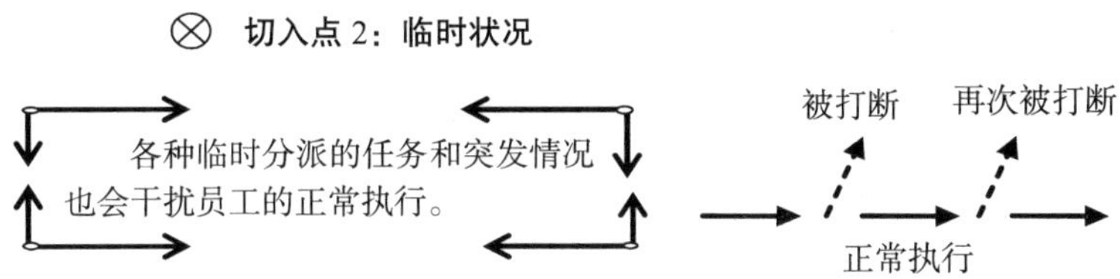

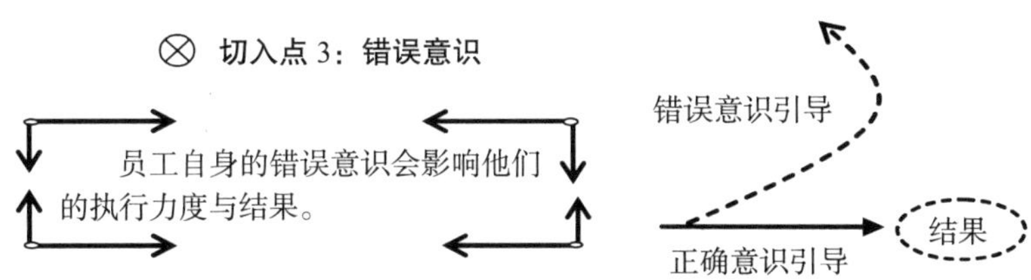

◇ **分析——负面干扰来自哪里？负面干扰影响到哪些方面？**

分析负面干扰的来处和去向可以帮助管理者快速理清问题的来龙去脉。它在一定程度上决定了管理者的解决策略是否正确。

分析负面干扰的来处可以使管理者更直接地发现问题的源头，而分析负面干扰的去处则可以使管理者更加明晰整个问题链。

管理者抓住这样一条有始有终的问题链，才能发现隐含在背后的隐患和信息，进而施行相应的管理之道。

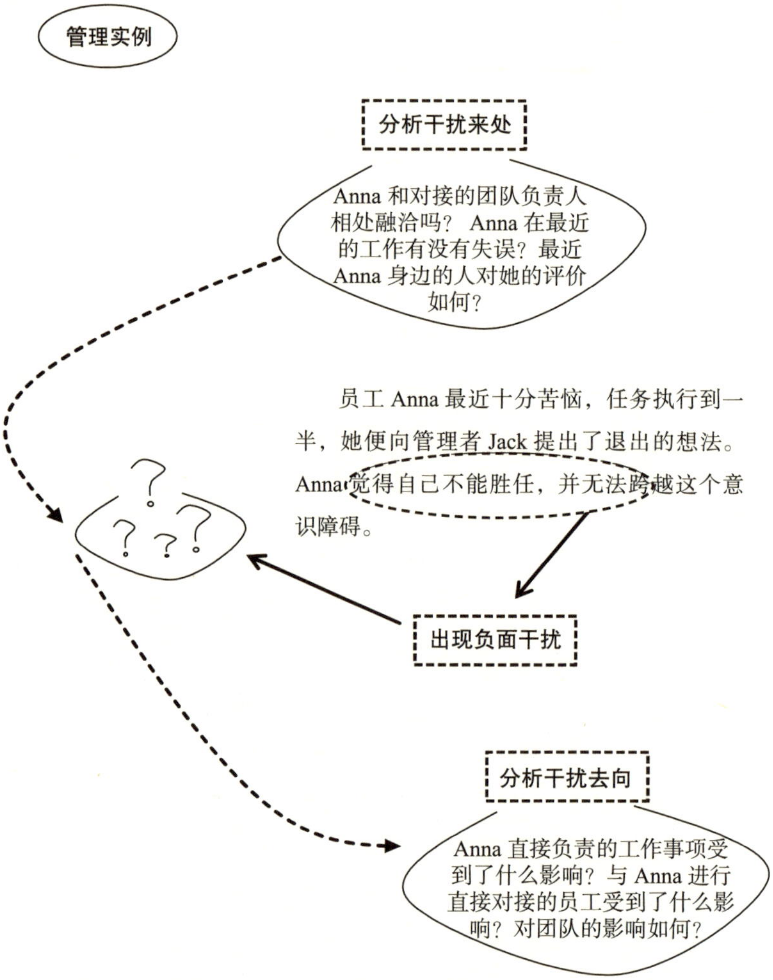

由上面的实例不难看出，管理者 Jack 通过这样的分析可以很清晰地整理出完整的问题链条。

◇ 探寻——负面干扰为什么会产生？

执行过程中的许多对应关系都可能会对员工产生负面的干扰，管理者记住这些对应关系，便可以从中找到答案。

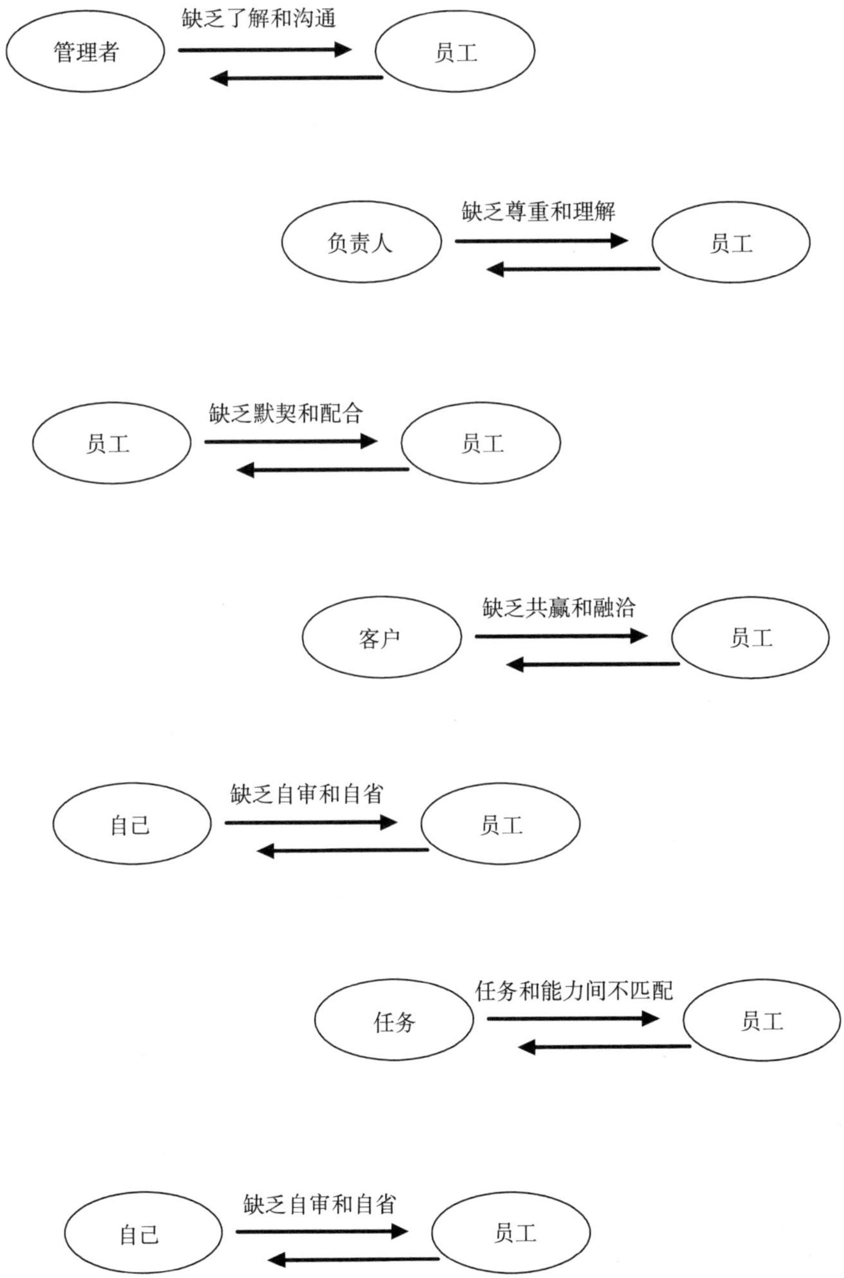
管理者
缺乏了解和沟通
员工
负责人
缺乏尊重和理解
员工
员工
缺乏默契和配合
员工
客户
缺乏共赢和融洽
员工
自己
缺乏自审和自省
员工
任务
任务和能力间不匹配
员工
自己
缺乏自审和自省
员工

◇ 解决——负面干扰带来了多大的影响？如何将负面干扰降到最小？

管理者在明晰了为什么之后，接下来需要了解的便是怎么做，具体可以从以下四个方面着手进行。

在资源的提供方面

管理者要尽可能为员工提供更为充裕的资源，为他们创造更好的执行条件。

在舆论的监督方面

管理者要严格监管团队之间不和谐问题的出现，以避免对员工的执行造成干扰。

在层级的管理方面

管理者要逐级对员工的工作进行评估，避免因为直属负责人的问题影响执行员工的干劲和情绪。

在意识的引导方面

管理者要密切关注员工的心理和情绪，并及时进行疏导和安抚。

4.4 稳定员工的情绪

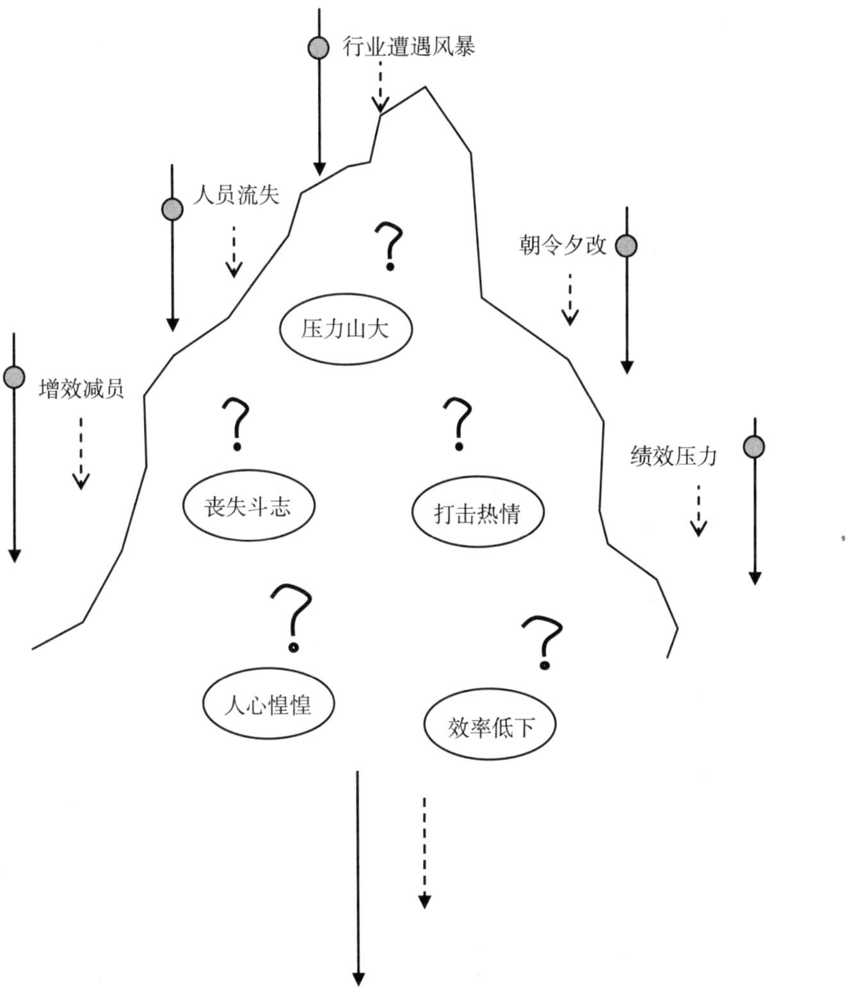

致使员工情绪不稳，并对执行造成障碍

从上图不难看出，大到行业危机、人员流动，小到具体指令、个人绩效。所有这些外部环境因素和自我的标准要求都可能会使员工产生波动的情绪，管理者需要密切关注并及时给予调整。

首先，对于有些外部环境因素来说，管理者可能是无法左右的，但是管理者可以从组织和团体的建设入手，减缓甚至消除外部环境因素给员工带来的心理冲击，进而达到稳定员工情绪的目的，具体可以从以下四点着手进行。

1. 管理者组织召开集体会议，讲明原委，打消员工疑虑。

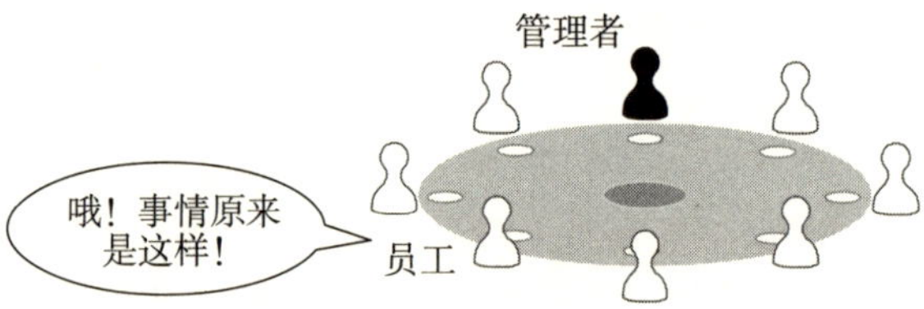

2. 管理者组织团队培训，及时汇总问题并进行更正。

3. 如果有必要，管理者可以和员工展开“无边界”沟通。

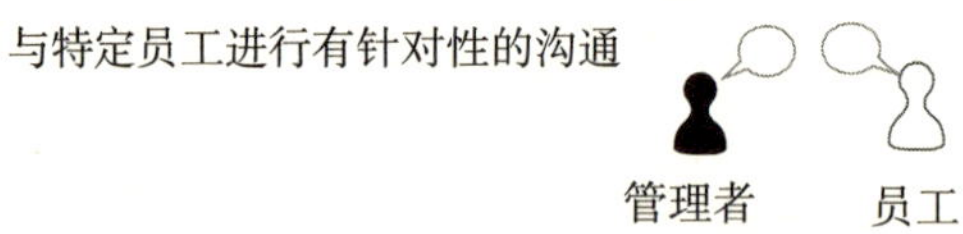

4. 敢于向员工做承诺，树榜样，稳定员工的情绪。

其次，从员工的自我标准和要求来说，管理者要学会从意识上改变员工的心智模式，让员工认识到自己的负面情绪，并能够发挥主观能动

性去寻求改变，具体可包含以下四个层面的内容。

让员工实现自我察觉，帮助他们认识自己的心理和行为，进而稳定员工的情绪。

让员工实现自我领导，将他们的潜力和作用真正发挥出来，从而稳定员工的情绪。

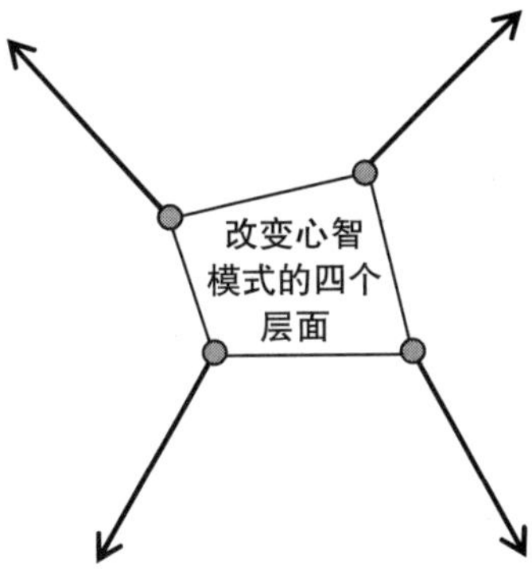

让员工实现自我改变，将他们内心真正的意愿发掘出来，这样员工的负面情绪也会随之消失。

让员工实现自我超越，这是个能力和素质得到不断完善的过程，以稳定员工的情绪。

下面可以通过一个实例来了解管理者如何从外部环境因素和自我标准要求两个方面入手来稳定员工情绪的。

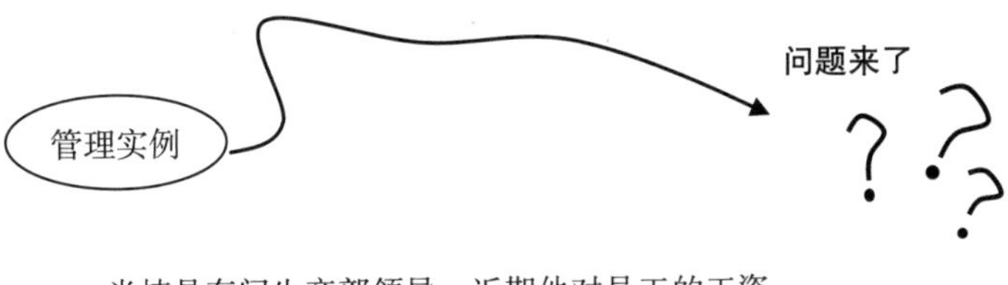

肖楠是车间生产部领导，近期他对员工的工资进行了调整，但是因为岗位和分工的不同，涨幅并不一样。这引起了少数员工的不满。

个别员工产生不满情绪，这严重影响了工作的积极性。

肖楠是怎样做的呢

两个方面

在外部环境因素方面，肖楠公布了每个岗位的细则和匹配的绩效要求，并且召开全员会议进行解释，表示加薪幅度会根据员工表现不断调整。

肖楠用公开、公平、公正的方式解除了员工的不满和疑虑，及时安抚了员工的情绪。

在自我标准要求方面，肖楠与带有不满情绪的员工分别进行了沟通，并让员工认可了薪酬不是回报唯一标准的理念。员工在沟通完毕都表示要加强爱岗敬业的意识。

肖楠希望员工在自我的思想意识方面寻求改变。

4.5 关键时刻提点

在执行过程中的一些关键时刻往往对最终的结果起着决定性的作用，而恰恰这些关键时刻是最考验员工的能力和心理素质的。

员工在执行中的关键时刻需要付出更多的心力、承受更大的压力、背负更多的责任。如果管理者在这个时候不能提供有力支持，助员工一臂之力的话，那么员工很有可能会遭遇难以逾越的障碍。

员工的执行到了可以由量变跃升为质变的一个阶段，行动上的一小步都可能带来大的改变。

员工的执行到了可以左右大局和最终胜败的一个阶段，每一步都不容走错。

以上都是执行中的关键时刻 → **管理者进行提点**

管理者在关键时刻进行提点可以有效地把控走势和全局，并且最大限度地保证执行结果。

管理者在关键时刻进行提点可以有效提升员工的能力和热情。

但是关键时刻并不自带“标志”，它隐藏在看似日常的执行过程中。这需要管理者具备鹰一样的眼睛，对其进行准确识别，大致包含以下几种方法。

⊗ 按执行节点识别关键时刻

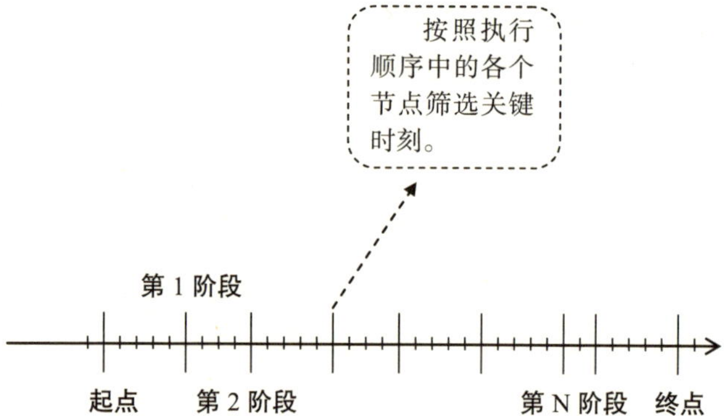

⊗ 按执行层级的反馈识别关键时刻

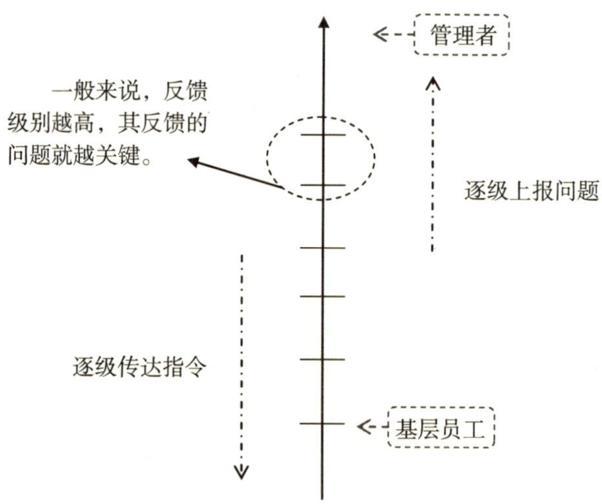

⊗ 按信息的涌入量识别关键时刻

信息源源不断输入

承载信息越多，越有可能成为关键。

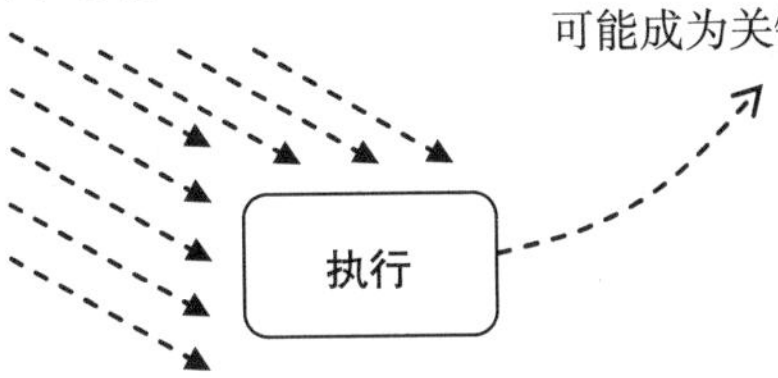

⊗ 按部门的合作深度识别关键时刻

部门参与合作越多、越广、越深入，便越有可能成为关键。

⊗ 按任务的关联程度识别关键时刻

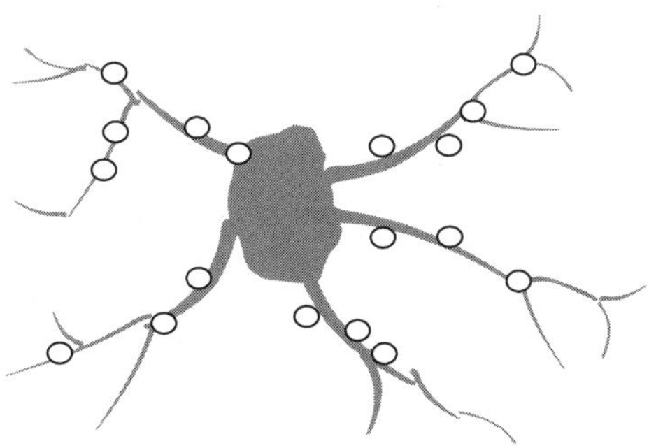

执行的触角涉及地越多，越有可能成为关键。

⊗ 按任务的流程识别关键时刻

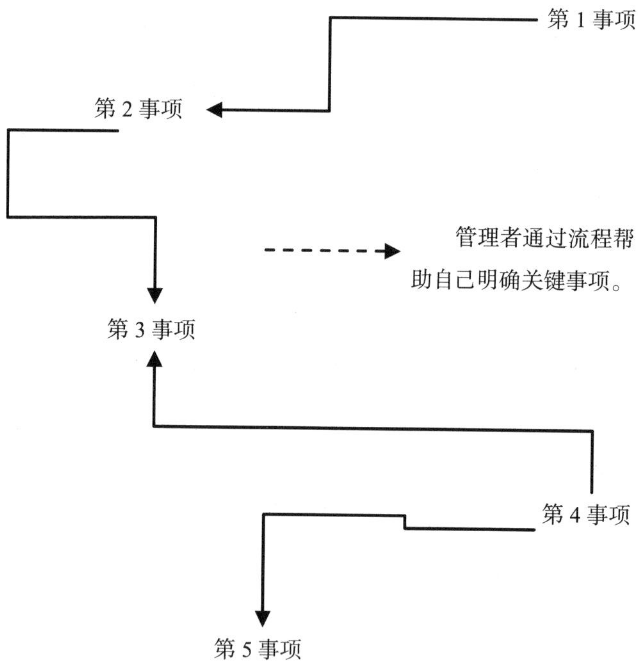

上述六种方法可以帮助管理者准确识别和辨认员工执行中的关键时刻，接下来的问题便是该如何更高效地管理员工并让其实现快速提升呢？

在这样的关键时刻，管理者尽量不要代替员工去执行，虽然这样做可以帮助员工规避风险，但是这会让员工丧失一次启发思考和潜能的好机会。员工以后再遇到类似的情况时，会形成依赖心理，他们可能会“临阵退缩”，并将全部的责任推卸到管理者身上。

但是执行已经到了关键时刻，如果管理者撒手不管，听任员工自己去摸索的话，又可能会出现一些重大问题导致满盘皆输。

因此，管理者需要在两者中做一个折中的选择，既要进行必要的干预和支持，又不能干预过细、支持过多，这样一来在关键时刻进行提点便显得尤为重要。管理者可以参考如下四个要点。

1. 事先提醒

在员工行动之前便向其交代一些需要特别注意的事项，以免员工遗漏。

2. 把握底线

管理者可以告诉员工一个执行的底线，其他的事情放手交给员工去做。

3. 告知框架

要告知员工一些大的执行框架，这样可以保证员工的总体方向和格局是正确的。

4. 点到为止

管理者不要点得过多、过细、过于频繁，具体的执行事项可以授权给对应的人去做。

4.6 出面解决问题

相对于员工来说，管理者拥有更高的权限、更多的话语权。因此，有些问题需要管理者出面才能解决。

员工经常遇到以下这些棘手又无法通过自己的力量解决的问题。

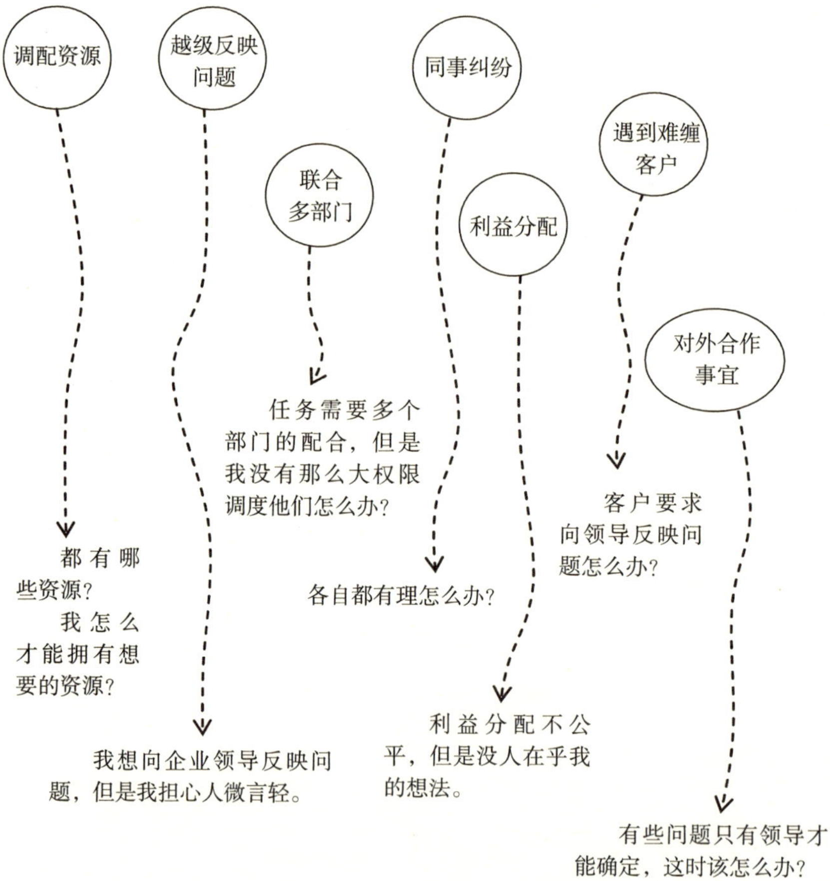

以上这些问题都会对员工的执行造成障碍，并且从执行基层的角度来说，这些问题很难得到解决。而管理者出面帮助解决则会大不一样，

看似是在帮助员工，实则是在帮助管理者自己。

管理者在员工需要帮助的时刻出手相助，会让员工感受到被重视、被关怀的感觉，这不仅能令管理者的威严大大提升，还能增加员工对管理者的信服度和忠诚度。这些都对管理者日后工作的开展极为有利。

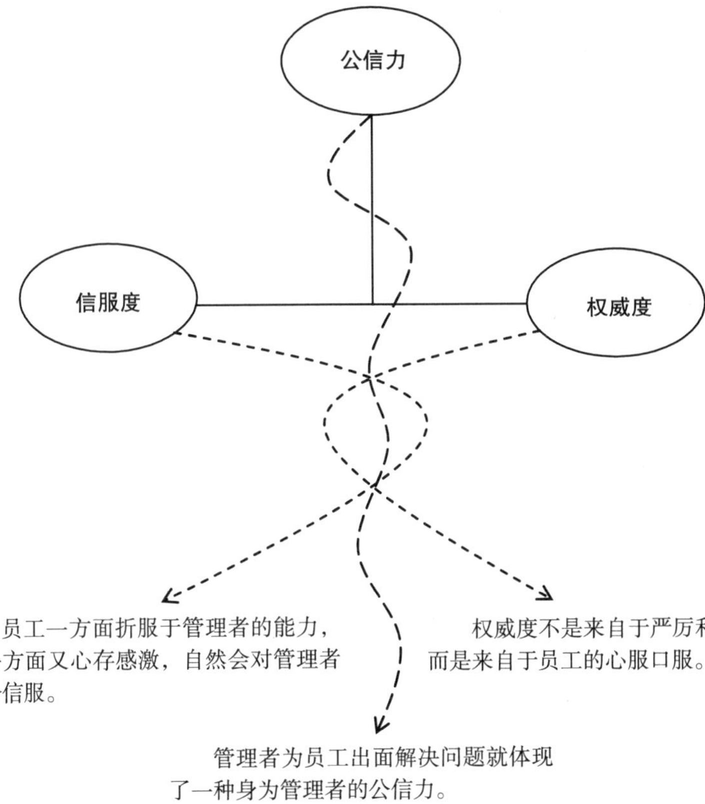

综上所述，真正的管理并非严"管"，而是在恰当的时刻出现，为员工去"理"问题。这样管理者才能做到从"心"激励。

当然，管理者在帮助员工出面的同时要注意自己的身份和职责，因为管理者既要能代表企业的立场，又要能实现员工的需求，更不能忘记自己的立场。因此，管理者要时刻谨记以下四个原则。

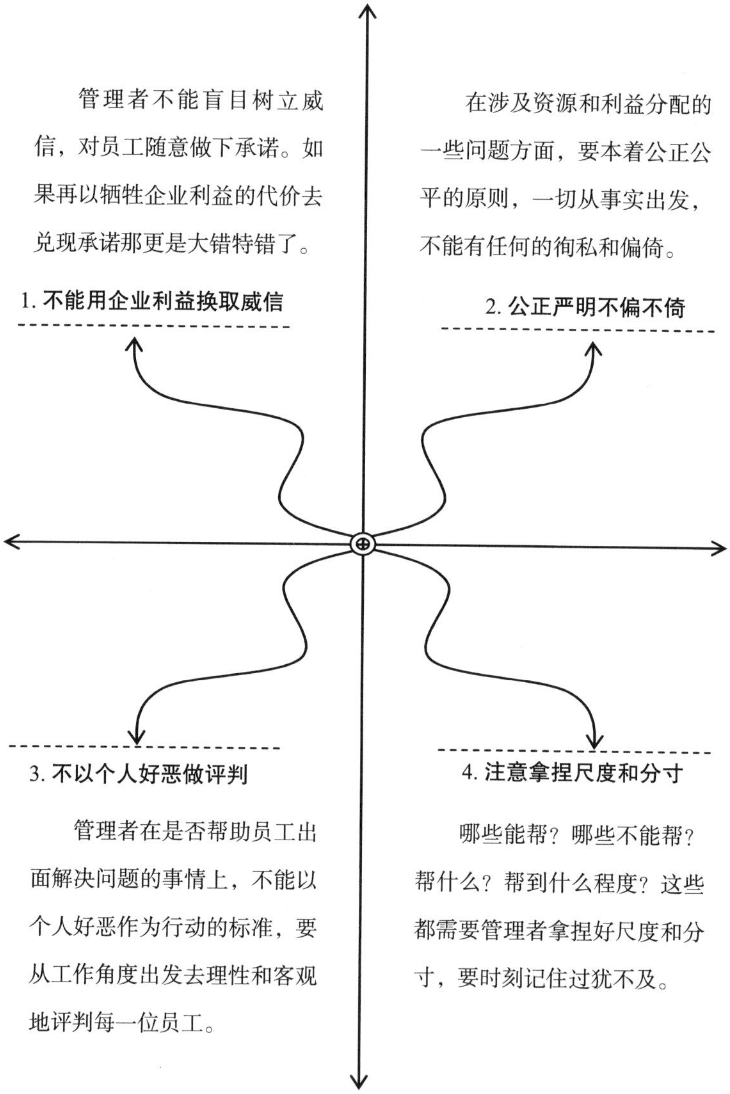

下面用一则管理实例来具体阐述管理者是如何出面帮助员工解决问题，并令双方都心悦诚服的。

管理实例

Devin 和 Eric 对各自领到的任务不满，他们总觉得管理者似乎更有意偏袒对方，并因此产生了争执。双方都觉得自己没有受到公平的待遇，并一起来找 Greg 理论。

问题来了

思考
管理者 Greg 如何才能让双方对自己的任务和能力有一个清晰的了解，并化解激发的矛盾呢？

Greg 对任务进行分级处理
1. A 级任务 2. B 级任务 3. C 级任务

C 级任务相对简单容易，因此在人力资源配置方面的要求较低。B 级介于两者之间。

A 级任务相对复杂，具有一定难度，因此在人力资源配置方面的要求更高。

接下来对员工进行分级处理并进行匹配

将人员和任务级别一一对应

A 级任务对应 A 级员工

B 级任务对应 B 级员工

C 级任务对应 C 级员工

同时向两位员工展示

Greg 将任务和员工的分级制成明细表，并同时将这份明细发给两位员工。Devin 和 Eric 都无话可说了。

Greg 做到了一切从事实和依据出发。

Greg 本着为企业利益着想的角度，不偏不倚地用事实依据说服了 Devin 和 Eric。

Greg 并没有用主观的评判和模糊性的评价挑起更大的矛盾，而是让 Devin 和 Eric 在了解原委后平息了怒气。

Chapter 5

第 5 章
驱动提速——激励导向

快与慢不是衡量一切的标准，但又快又稳绝对是效率的保证。“稳”需要管理者来引导，“快”需要管理者来激励。

5.1　竞争激励驱动氛围

竞争激励是指管理者将优胜劣汰的管理理念引入企业工作，通过合理的竞争机制与奖惩手段提高员工的危机感和竞争意识，进而激励员工更加努力工作的激励方法。

竞争激励带来的驱动力不是自上而下的，而是员工内部之间相互的激励，是员工内心激奋的结果，对于企业内部的工作氛围有良好的驱动作用。

管理者在使用竞争激励法时，应根据企业内部的实际工作情况和员工的特点选用合适的竞争方式。下面是三种典型的竞争激励方式。

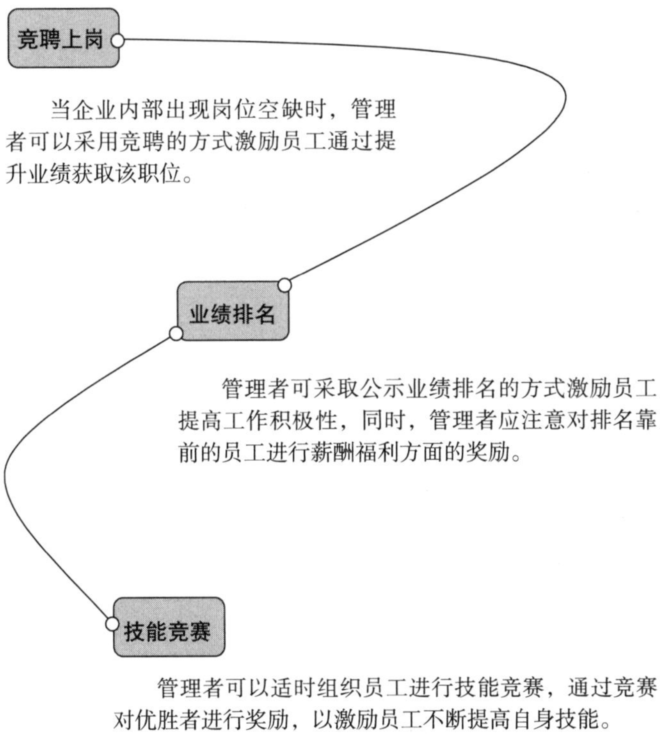

竞争激励的实施是需要按照一定流程进行的，如果管理者随口说出，随意指出，有可能导致激励效果不明显，甚至出现其他问题。

管理者在具体应用竞争激励方法时，可参照下面的步骤进行。

步骤 1　建立竞争机制

管理者根据企业的实际情况建立科学的竞争机制，并进行公示。

步骤 2　确定竞争项目

管理者根据竞争机制确定可在部门内开展的竞争项目。

步骤 3　竞争动员

管理者向员工宣布竞争方式和奖惩措施，鼓励员工参与竞争。

步骤 4　开展内部竞争

管理者组织员工进行内部竞争，同时做好监督工作。

步骤 5　公布竞争结果

管理者公布竞争结果，对在竞争中取得显著成果的员工进行奖励。

步骤 6　竞争总结

管理者对竞争过程以及激励效果进行总结，并改善竞争制度。

竞争激励的过程看似简单，但其中暗藏玄机，管理者在使用时应着重注意这些玄机之处。

玄机 1

管理者在制定竞争机制时应注意公平原则，确保该竞争方式对员工来说是公平的。

玄机 2

管理者在对竞争中脱颖而出的员工进行奖励的同时，还应对落后的员工给予鼓励，并帮助其制订有效的工作提升计划。

玄机 3

管理者应在开展竞争前，与员工进行沟通，防止员工使用不正当的竞争手段。

竞争激励虽然能够调动员工的积极性，驱动员工向前发展，但是管理者若运用不当，也会产生一系列的问题，因此，管理者在使用时，应竭力避免下面这些情况的发生。

问题： 企业内部的竞争导致员工之间对抗、摩擦和冲突的次数增加，使得企业内部的合作性和组织的凝聚力降低。

警示： 这就要求管理者不仅要做好竞争激励，还要做员工之间的“粘合剂”，以避免出现以上问题。

问题： 企业内部的竞争可能导致企业整体生产水平下降。

警示： 竞争激励的核心是驱动员工积极工作，一旦出现上面的问题，管理者就应预知竞争激励存在失败的可能。

问题： 激烈的内部竞争会使员工心理压力过大，从而影响员工的创造力和身体健康。

警示： 管理者应做好员工心理疏导工作，采用各种途径，如游戏、面谈等缓解员工面对竞争的紧张心理。

问题： 竞争有可能导致某些员工道德水平下降。

警示： 这就要求管理者及时发现并制止此类员工，如果已经形成事实，管理者应做到公平公正的面对激励结果。

下面我们通过一个案例来了解如何运用竞争机制。

张经理是一家制造企业的设备部经理，在工作管理过程中，张经理发现他所负责的员工对待工作非常不积极，常出现迟到、早退等情况，为此，张经理多次受到上级的批评。

分析

原因： 员工出现工作不积极的情况，显然是因为全体成员之间均为此种工作状态，从而相互“传染”导致的。

怎么办： 由于该情况属于普遍情况，因此，张经理可以采用有效的竞争机制，激发员工的工作积极性。

于是，张经理与上级管理者沟通后，宣布在部门内实行竞争制度，制度内容如下。

1. 部门实行积分制，即员工完成工作即可获得相应的积分。

得分标准

序号	事项	积分
1	按时进行上班登记	2分
2	完成一项维修工作	5~10分
3	完成设备润滑工作	5分
4	完成单台设备安装工作	7分
5	提出一项有效的设备改进意见	5分

2. 每月月底对员工的积分进行统计。

3. 按员工得分情况对员工进行排名。

4. 对排名靠前的员工提供物质奖励。

5. 连续三个月在积分榜上排名前三位的员工可申请加薪。

在张经理的竞争激励下，设备部的全体员工工作热情高涨，连续两个月被评为先进部门。

5.2 期望激励驱动人心

期望激励是由美国心理学家和行为科学家弗鲁姆于 1964 年提出的一种员工激励理论。

根据期望激励理论，激励效果的大小取决于如下三个要素。

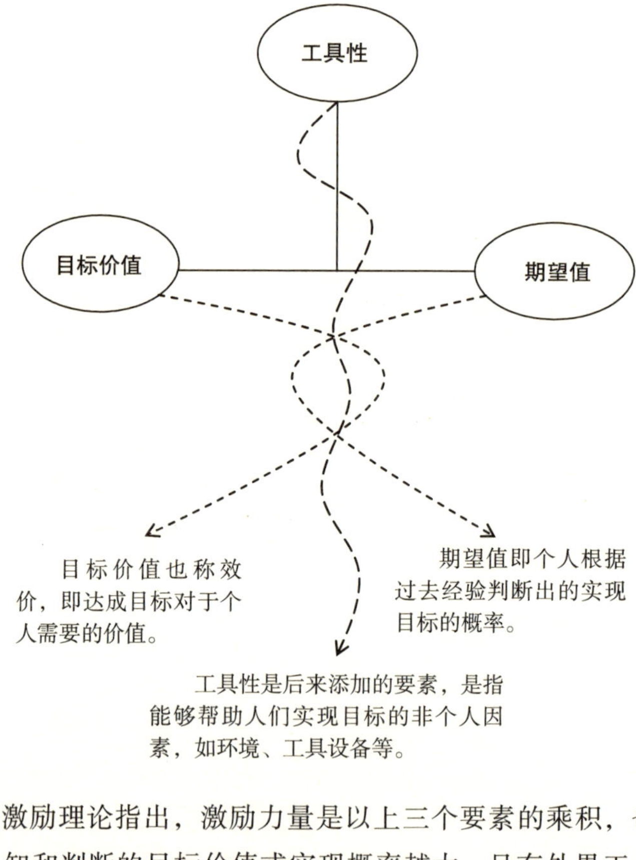

期望激励理论指出，激励力量是以上三个要素的乘积，也就是说，个人所认知和判断的目标价值或实现概率越大，且有外界工具帮助时，对其产生的激励力量越大，激励效果更好；反之，激励力量越小，激励效果较差。

期望激励理论可以为管理者进行员工激励时提供科学的理论支持，

帮助其根据以上三个要素实现合理有效的激励。另外，管理者可以根据以上内容延伸出期望激励的应用模型，具体内容如下。

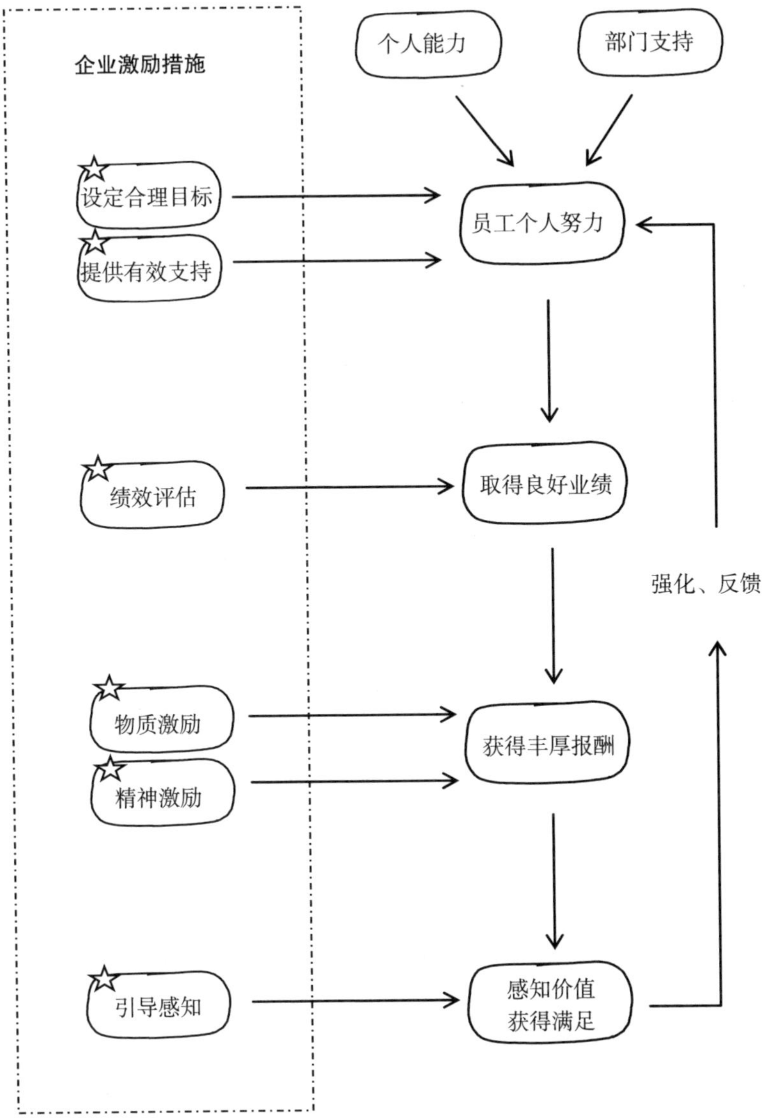

根据上述应用模型，可以得知管理者在采用期望激励时可按照设定合理目标、提供有效支持、评估员工绩效、提供丰厚奖励、引导员工感知五个步骤实现期望激励。

合理的目标能够给员工期望，激发其工作激情。管理者在设定目标时要紧密贴合员工的实际能力，切勿设置过高的目标。

管理者应适时为员工提供人力、资源等方面的支持，让员工感到在上级领导的帮助下，自己完全可以实现目标。

在员工取得一定的成绩后，管理者应及时评估员工绩效，但应注意两方面的内容：一是当员工取得微小成就时，管理者也应及时评估；二是评估时以鼓励和赞赏为主。

管理者在对员工进行奖励时，应考虑到员工的实际特点，有针对性地提供物质或精神上的奖励，以满足员工的需求。

面对已经取得初步成效的激励效果，管理者还应做到激励员工将获得的工作信心和满意度转化为新行动的动力，从而实现持续激励。

某企业是一家羽绒服加工企业，由于受季节影响，该企业在淡季时较为清闲，所以只保留了一部分固定生产人员，而到了旺季，工作量会陡然增加数倍，这时企业便会招入一些临时员工。今年的工作量比以往更大，大大超过了员工的工作能力，导致很多临时员工出现了消极怠工的情况，为了避免此情况的发生，人力资源部李经理打算运用期望激励对员工进行激励和管理。

员工需求分析

1. 临时员工主要需求为生存需求和安全需求，表现为对工资和工作稳定性的需求。

2. 临时员工对工资的期望低于固定员工，适当提薪可提升其满意度。

3. 临时员工渴望被尊重，提高对其尊重和信任力度，可有效调动工作积极性。

现有激励方式分析

1. 只通过简单计件的方式激发员工的工作积极性。

2. 临时员工被区别对待，无法参加某些激励活动。

3. 企业对临时员工的信任度不够，出现问题，首先问责临时员工。

下面我们通过一个案例来了解管理者如何在实际激励管理中应用期望激励。

具体激励措施

1. 管理人员综合考虑临时员工的具体工作情况，并邀请临时员工积极参与目标的修改工作，确保临时员工通过努力便能实现目标，并获得相应报酬。

2. 优化临时员工的薪资结构，实施分段计件工资，确保其获得较高的薪资。

3. 每月评选 10 名优秀临时员工，并奖励现金 300 元。

4. 临时聘用合同到期后，筛选出三名优秀临时员工，与其签订合同。

5. 对企业员工进行宣传教育，引导其以公平、热情的态度对待临时员工。

6. 加强对临时员工的引导和宣传，进一步提高其对奖励报酬的主观满意度。

5.3 兴趣激励驱动活力

孔子曰："知之者不如好之者，好之者不如乐之者。"

"兴趣"是最好的老师，培养兴趣是成功的重要因素，同样，培养兴趣也是使工作获得成功的很重要的一部分。

任何一种兴趣都是由于参与此种活动的人可以体验到情绪上的满足。这种满足感体现在参与者的精神和身体上，因此会产生较为持久的激励效果。

在工作中，兴趣与工作相伴而行，工作效果才会更好。

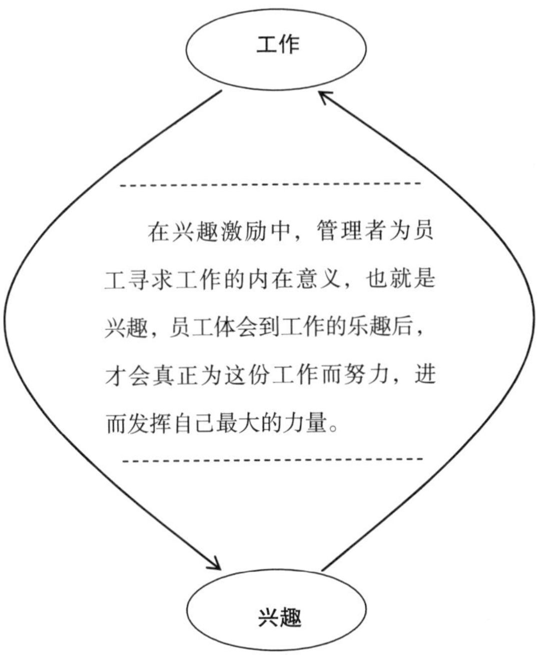

由兴趣引发的巨大创造力和持续的内在动力是物质待遇的激励作用所远远无法企及的。

管理者在使用兴趣激励法前应先弄清楚——员工的兴趣来自哪里？试想，一位员工不擅长甚至不敢与人沟通，与人交流显然不是他的兴趣所在，也不会激发他的工作活力。一般来说，员工的兴趣来自于以下三个方面。

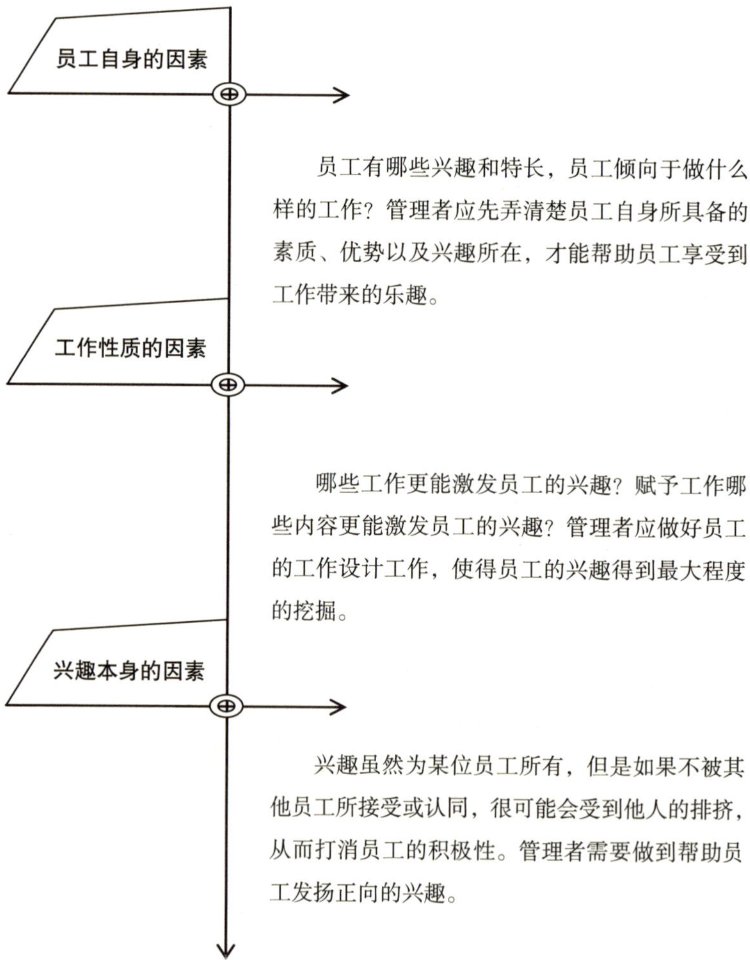

根据以上对兴趣来源的分析，管理者可以通过以下四种途径激发员工的工作兴趣，使之以全部的精力投入到工作中去。

1. 让员工自由选择岗位

人岗匹配是帮助员工最大程度发挥才能、激发兴趣的核心所在。管理者将选择岗位的权力交予员工，从而驱动员工深入审查自己的优势和兴趣，从而谨慎选择工作。

2. 提前做好工作设计

管理者应根据每位员工的不同情况量身打造不同的工作设计。工作设计的内容包括工作事项、工作职能、工作关系、信息沟通方式、工作方法、工作标准等。通过量身打造，使得工作与员工的兴趣相吻合。

3. 改变固定工作模式

管理者可以多元化工作内容和适当的工作流动两种方式改变现有的固定工作模式。前者可以采用增加一些新任务、设定绩效目标等方式，后者可以采用岗位轮换的方式。

4. 鼓励员工分享兴趣

管理者的鼓励、支持和信任是培养和激发员工兴趣必备的一个环节。通过兴趣分享，拓展兴趣的宽度，推己及人，使得更多员工加入到因兴趣而工作的团队中来。

5.4 考评激励驱动热情

考评激励是指管理者通过对员工的工作及各个方面的表现进行综合考核和评定，及时发现并指出员工的成绩、不足以及下一阶段的努力方向，从而激发员工工作的积极性、主动性和创造性的激励措施。

考评激励是管理者常用的一种激励措施，它具有以下三个较为突出的作用。

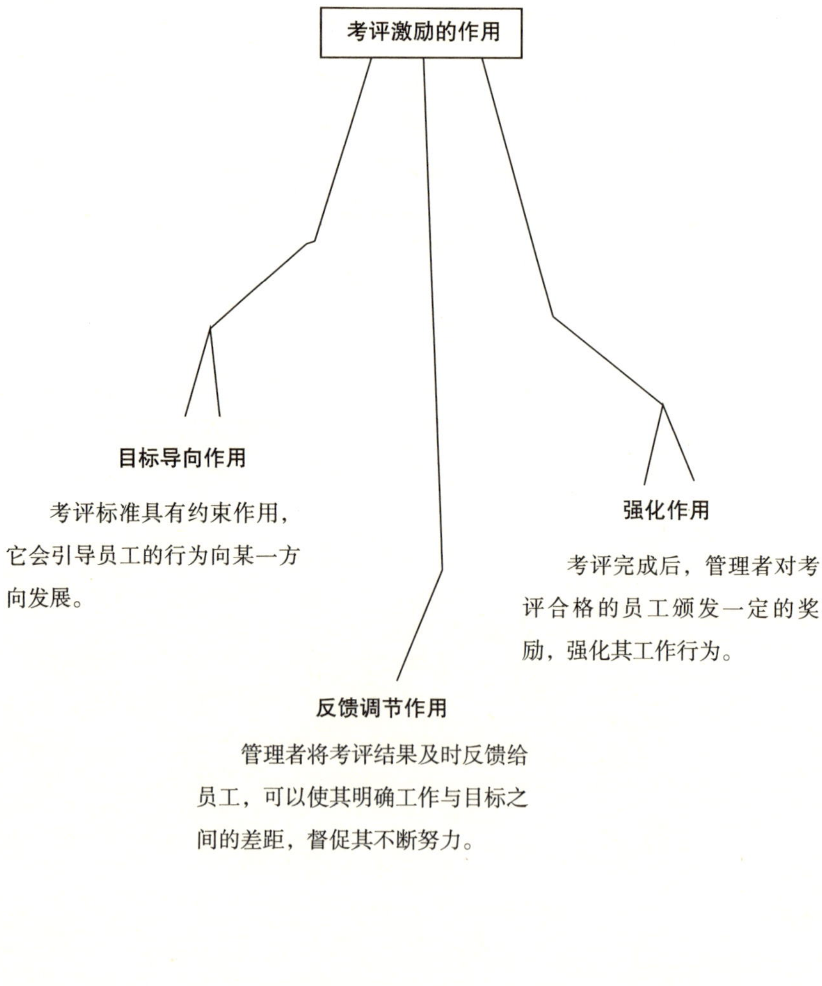

管理者采用考评激励时，应先了解相应的步骤，使得考评激励顺利实现。

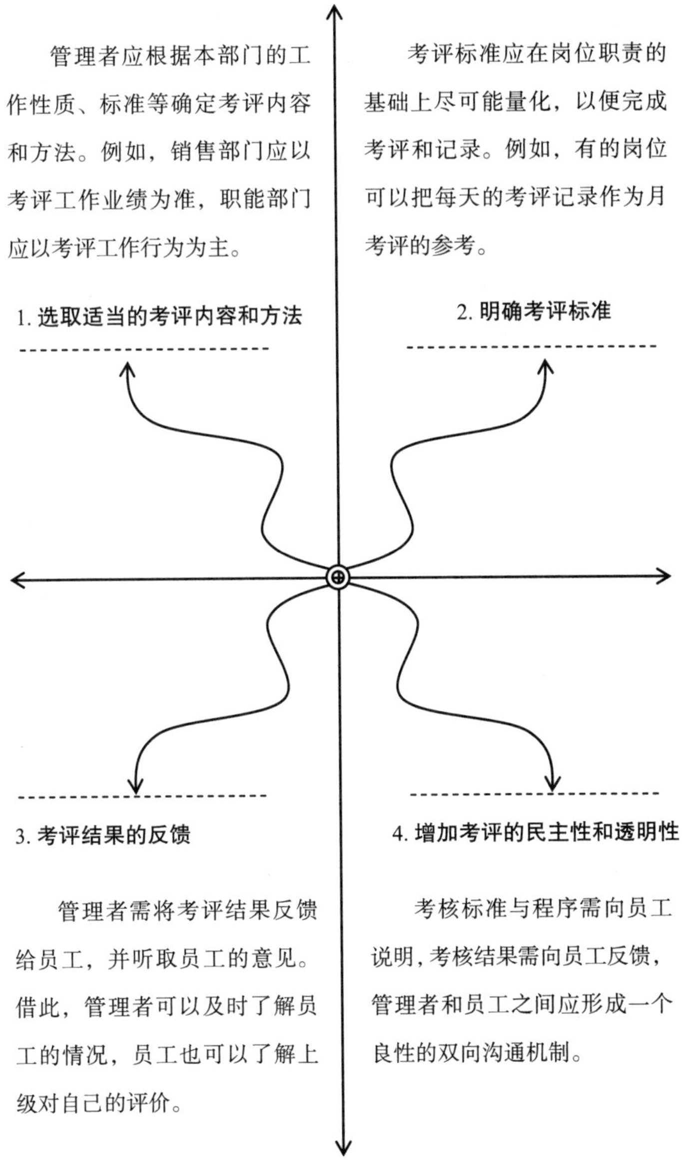

在了解了考评激励的基本步骤之后，管理者还需掌握一些技巧，以便最大程度发挥考评激励的效果。

技巧 1：切勿感情用事

管理者在考评时切勿把个人主观感觉带到考评中去。

技巧 2：考评资料应完备

管理者应从员工过去的工作成绩和工作表现中搜集资料，确保考评资料完备整齐。

技巧 3：考评项目需明确

管理者应明确对哪些项目或内容进行考核，要清楚员工的职责和任务。

技巧 4：考评结果要量化

管理者应给员工评出一个“绝对分数”，如“89 分”；或根据“相对分数”对员工进行排序，如“良好”。

技巧 5：考评周期应告知

管理者应明确员工的考评周期，即多久对员工考评一次或每年对员工考评几次。

技巧 6：考评记录勿忘记

管理者在对员工进行考核后应做好记录，考评记录可以为以后的管理工作提供材料，也可以记录员工的发展历史。

下面我们通过一个案例来了解管理者应如何在实际激励管理中应用考评激励。

某企业为了全面了解、评估员工工作绩效，发现优秀人才，提升员工的工作积极性，决定实行考评激励。

考评时间

本次考评分为月度考评和年度考评两种，月度考评以考勤为主，年度考评以员工绩效为主。

考评评分标准

1. 优秀（90~100分）
2. 良好（80~89分）
3. 一般（70~79分）
4. 较差（69分及以下）

标准：自觉遵守规章制度，精通业务，积极主动，创新能力强，协调能力强，能够出色完成任务。

标准：能够遵守规章制度，熟悉业务，比较主动，有较强的创新能力和协调能力，能够较好的完成任务。

标准：能够遵守规章制度，业务一般，比较主动，有创新和协作能力，能够按时完成任务。

标准：不能自觉遵守规章制度，业务不精通，缺乏主动性，创新能力差，协调能力差，不能按时完成任务。

考评程序

1. 人力资源部发出考评通知并公布具体考评内容。

2. 考核对象准备自我总结，管理层和员工分别出具考评意见和评分。

3. 考评意见及评分汇总到人力资源部。

4. 人力资源部根据考评标准统计出总分，然后对被考评人员进行排序。

员工激励

根据考评结果对员工进行如下激励。

1. 优秀员工奖

对于考评结果为优秀的员工颁发优秀员工奖，并给予一定的物质奖励，同时，获得该奖项的员工在以后的职位晋升、薪酬提升、岗位调动等方面享有优先权。

2. 建议奖

对于员工提出的建议，经企业采纳后取得显著经济效益或显著提高工作效率或大幅降低生产成本的，给予一定的经济奖励。

3. 创新奖

员工通过技术改造和创新，大幅提高生产效率或取得显著的经济效益或大幅降低生产成本的，给予一定的经济奖励。

5.5 培训激励驱动能量

培训激励是指管理者通过组织员工培训的方式，激发参与培训的员工的学习热情和学习兴趣，进而激励员工努力工作的激励方式。

培训激励对于提高员工的知识技能水平，构建学习型企业有着重要的作用。

因为培训是针对众多员工的，同时也是实时进行的，这就必将出现培训个体的复杂性和培训环境的多变性两大问题，所以，管理者在采用培训激励时应参考下面五个原则，以保证培训能够切实对员工起到激励作用。

公平性原则

管理者应发挥激励的调控作用，通过培训、考核、奖励等方式，公平对待每一位员工，给予员工参与培训的动力。

以人为本原则

管理者应根据员工的实际需要设置培训的内容，如针对销售部员工，应着重培训沟通和销售技巧等，以调动员工的积极性。

及时反馈原则

管理者对于员工的培训效果应及时做出反馈，给予员工相应的奖惩，如果反馈不及时，员工可能产生失望心理，培训动力将减弱。

适度原则

培训激励的频率要适度，激励次数过多或过少都会削弱激励的作用。

兼顾性原则

培训激励在设置上应采用精神激励和物质激励相结合的方式。

培训激励不是简简单单地仅为员工提供培训，而是需要管理者在为员工提供培训前和培训中，有目的的使用一些激励方式，以便提高激励效果。

目标激励

管理者应为员工设定职业发展目标，因人而异制订相应的培训发展计划。当员工清楚地知道自己努力的方向后，就会积极主动地学习，为达到目标而努力。

经济激励

管理者可将岗位技能工资、奖金、培训补贴等经济激励方式用于内部培训，用增加收入的方式激励员工主动参与培训、认真参与培训。

发展激励

许多员工仍然比较看重企业能否给自己提供发展的机会。管理者可以通过阶梯式的培训设计激发员工的上进心和完成培训的满足感。

惩罚激励

对于没有完成培训计划或培训效果达不到目标要求、综合素质不符合岗位任职资格的员工，管理者可以采取降职、降薪等惩罚措施，促使他们重视培训。

某公司为提高员工岗位技能，激发其工作积极性而拟定的员工培训方案如下。通过这个方案我们来了解一下管理者应如何运作培训激励。

某公司销售部员工培训方案

1. 培训对象

本公司销售部主管级及以下所有员工。

2. 培训讲师

公司营销部总监杨总监。

3. 培训时间

明天上午 9 点至 11 点。

4. 培训内容

本次员工培训主要包括如下四个方面的内容：

（1）行业发展状况介绍；

（2）销售模式及销售技巧；

（3）新产品介绍；

（4）薪资待遇及晋升途径。

5. 培训考核

本次培训结束后，管理者需对员工进行培训效果考核，考核采用笔试和面试两种形式，由参训人员根据培训的相关内容进行作答。

6. 培训奖励

公司根据员工培训考核的结果对员工进行奖励，奖励设置如下。

奖励设置说明表

奖项	具体说明
一等奖	√ 获奖条件：培训考核成绩获得第一名、第二名的员工 √ 奖励：奖金 2 000 元，每月 300 元车补
二等奖	√ 获奖条件：培训考核成绩获得第三名、第四名的员工 √ 奖励：奖金 1 500 元，每月 200 元车补
三等奖	√ 获奖条件：培训考核成绩获得第五名至第七名的员工 √ 奖励：奖金 1 000 元，每月 100 元车补
创新奖	√ 获奖条件：在笔试和面试时提出自己的新见解，且获得考官的认同和赞赏 √ 奖励：奖金 500 元
鼓励奖	√ 获奖条件：相较于上次培训提升 10 个名次以上的员工 √ 奖励：奖金 200 元

5.6 后院激励驱动干劲

来自家庭方面的压力是很多员工缺乏动力的根源。当家庭和企业都在争夺员工的时间时，员工为了维护家庭感情和创造绩效，不得不挣扎在这双重负荷下，尽可能地平衡自己的精力、体力和时间。这是现代社会的一个典型现象。

之所以会出现这种现象，是因为企业与家庭两者之间处于了一种对立的局面，两者之间虽有“共同好友”——员工，但是双方之间却没有任何利益关系。一旦员工在任何一方受到影响，就会在另一方得到缺失反映。

例如，当员工工作中遇到不顺时，会将不满的情绪发泄给家人；当员工与家人之间发生矛盾时，也会把消极情绪带到工作中。

解决这种局面的根本就在于通过员工这个纽带，将三者形成一个互动的群体，即员工在企业取得经济利益去维持家庭运转，企业则需要员工在家庭中取得支持而努力工作。

而管理者所要做的，就是实施后院激励。

后院激励是一种企业内部激励的延伸，它将家庭与企业这两个不同的实体通过员工联系起来，从而建立起一个稳定的三角形结构，最终驱动员工的工作积极性，实现企业、家庭、员工三者之间的互惠共赢。

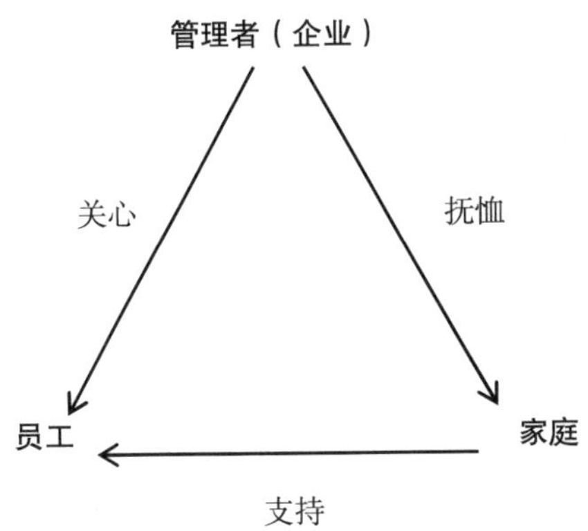

在企业管理中，管理者既要使用规章制度约束员工，也要懂得以人文关怀的方式激励员工。

感谢员工家属

“每一位成功的男人背后都站着一位伟大的女人。”日本麦当劳汉堡店总裁藤田田深谙此理。

每一位员工的太太过生日时，一定会收到总裁藤田田让礼仪小姐从花店送来的鲜花。事实上，这束鲜花的价钱并不昂贵，然而太太们心里却很高兴。

除此之外，日本麦当劳汉堡店每年都在大饭店举行一次联欢会，所有已婚从业人员必须带着“另一半”出席。

席间，除了表彰优秀的员工外，总裁藤田田还郑重其事地对太太们说：“各位太太们，你们的先生为公司做了很大的贡献，我已经做了各方面的奖励。但有一件事我还要各位太太们帮忙，那就是好好照顾先生的健康。”

“我希望把你们的先生培养成为一流的人才，帮助他们实现人生的梦想，从而发展你们家庭的和睦，可是我无法更多地、更细致地兼顾他们的健康，因此我把照顾先生们身体健康的重任交给了你们。”

听了这番话，哪一位太太内心不存感激呢？而这种感激对一个家庭又意味着什么呢？

管理者不能因为员工是企业中的一员，是自己的下属员工，便强制要求其将全部的精力放置在工作上，其实管理者应将积极引导员工正确处理家庭与工作之间的关系放在首位。

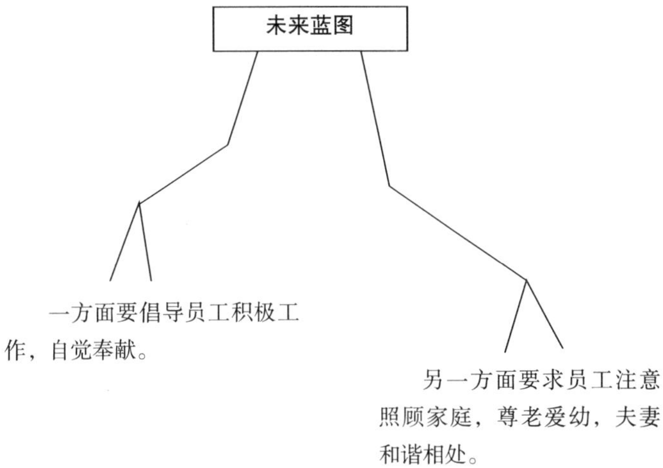

此时，管理者可以借助现身说法的方式，以自己目前的工作生活情况为例对员工进行引导，这更加具有说服力。

管理者：我发现你最近情绪不太好，是不是和家里人闹矛盾了？

员工：是啊，我的妻子总是向我抱怨带孩子太累了，我快烦透了！

管理者：我当年也和你有一样的烦恼。

员工：那您是如何处理的呢？

管理者：很简单，回到家帮她做点家务活，如刷碗、拖地。周末的时候主动帮忙看孩子，鼓励她和朋友出去逛逛街，放松一下。很快她就走出了抱怨的情绪，整个人变得积极阳光起来。

员工：谢谢您的指导，我也回家尝试一下。

管理者引导员工正确处理好家庭问题，员工才能够每天高高兴兴地工作，并在工作中努力创造出最好的成绩。

同时，管理者还可以采取一些后院激励措施，调动员工家属的积极性，使其成为员工的坚实后盾。

1. 重点节日，走访慰问

重点节日包括端午节、中秋节、国庆节等法定节假日，甚至还可以包括员工父母或妻子的生日。管理者或采取派送福利用品的方式，或选择亲自上门走访的方式。

温州老板慰问家属，只为“留人留心”

给员工提供夫妻房？报销回家车票？这些都OUT了。今年年末，我市一些企业管理者开始不远千里，走访员工家庭，慰问员工家属，只为明年“留人留心”。

和温州很多企业一样，温州一鸣食品有限公司的员工来自全国各地，每年都有很多员工要回家过年。温州一鸣食品有限公司经理助理郑冠伟告诉记者，企业在外省招人时，会选择去员工家里慰问。今年年末，该公司的中层以上管理者，开始分区域探访一部分外省员工。

“公司里的人提着慰问品，不远千里来到员工家里，能让员工家人看到温州企业的真情。”郑冠伟对记者说。

2. 鼓励家属亲临企业

管理者除了采用主动走访慰问的方式之外，还可以化被动为主动，邀请员工家属亲临企业，感受员工的工作环境和工作氛围，以进一步加强家属对企业的认同和归属感，更好地支持员工的工作。

某酒店安排“员工家庭同乐日”

某酒店已有20余年的历史，不少员工已伴随酒店走过了超过10年的历程，而他们的家属对酒店的历史、文化和工作环境都十分好奇。为此，酒店特意安排了“员工家庭同乐日”，邀请员工的家属到酒店来。

以前，员工家属往往只看到酒店的外部环境和公共设施，而在同乐日，可以进入到酒店的后勤区域，参观员工通道、员工图书馆、员工更衣室、酒店信息宣传区域以及员工工作地等。让家属对员工的工作环境、工作条件等有更进一步的了解。除了参观，家属还可以通过征文、图片展等更深入地了解员工的工作环境和氛围。

其中，最生动的当属“历史回顾电影院”，滚动播放几年来酒店举办的大型活动和员工活动的精华片断，尽显酒店深厚的企业文化和人文文化。对于员工的“小家属”——子女，酒店也安排了一系列的儿童活动，可以与卡通人物玩游戏、拍照，参加“小天才表演”等。

后院激励是一种迂回的战术，但却是效果十分显著的激励方式，无论需要花费多少时间去做这件事，管理者都要积极去做，因为获得的收获将比付出更多。

Chapter 6

第 6 章

终点清场——总结反馈

奔跑有终点，却永无止境。终点场只是奔跑过程中一个又一个可以短暂休息的驿站。一个阶段的总结和反馈是为了下一个阶段变得更快和更强。

6.1 提醒清除遗留项

执行进行到最后的阶段，员工会向管理者交出一个执行的结果。但是有了结果是不是就代表执行已经完全结束了呢？答案是否定的。

执行有了结果 ≠ **执行完全结束**

因为在执行的整个过程中，可能会有一些遗留问题没有得到彻底处理。虽然这些问题不会对这次的结果造成不利的影响，但是也许会对下一次的任务执行带来极大的障碍。

很多员工却存在类似的思想误区，他们认为向领导交出了“结果单”便万事大吉了，还没有完全卸下身上的担子便开始急于放松和庆祝。

所以这个时候，管理者需要提醒员工及时清除任务的遗留事项，以免为下一次执行留下隐患。

那么员工常见的遗留事项都包括哪些呢？具体内容如下。

继续跟进客户

任务执行结束了，但是客户关系还需要继续维护。管理者要提醒员工有没有向客户索要回执，客户的反馈和建议有没有收集等。

向配合部门表示感谢

执行得以顺利结束离不开各个部门的通力配合。在结束之后管理者要提醒员工以邮件或是聚会的形式对参与和支持的部门表示感谢。

向领导反馈

管理者不只关注结果，更关注整个执行过程。在任务结束之后，管理者要提醒员工及时向自己反馈，因为这既帮助他们梳理了工作，又可以方便自己日后管理。

跟进临时状况的后续发展

执行过程中会出现一些突发状况，但是由于时间紧迫，这些状况可能并没有牵扯员工太多的心力。在结束之后，管理者需要提醒员工继续跟进。

虽然员工在具体的执行过程中会面对各种各样的情况，但是从上述常见的遗留事项来看，大致可以归为以下四类。

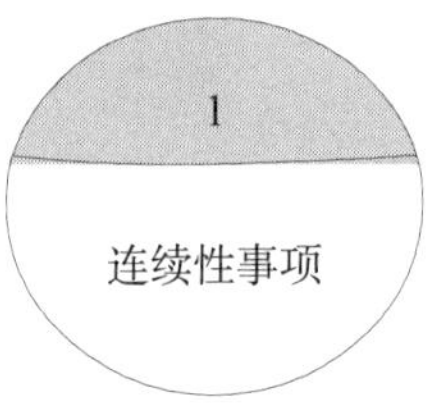

上图中的继续跟进客户属于连续性事项。这类事项可以使员工更加完满地完成工作任务。

上图中的向配合部门表示感谢属于人际类事项。这类事项虽然可能不会对本次的执行结果形成直接的影响，但是如果遗留时间过长，会对日后的执行形成阻碍。

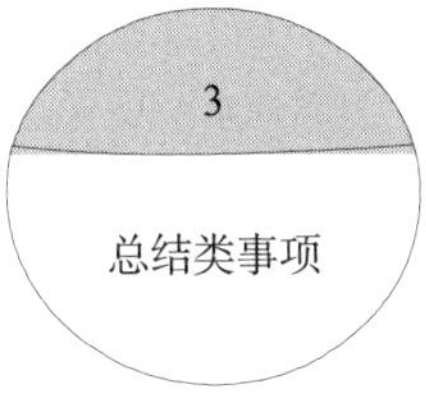

上图中向领导反馈属于总结类事项。这类事项可以提升员工的职业素养和沟通能力，也能让员工在反馈的过程中收获更多。

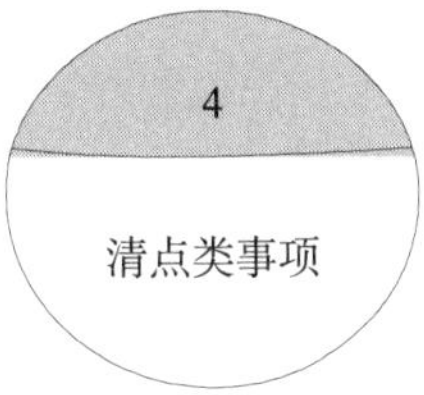

上图中跟进临时状况的后续发展属于清点类事项。这类事项通常比较繁琐，需要员工付出更多的精力。

管理者提醒员工清除这些遗留项，实质是在人际与情商、业务能力和自我反省三方面对员工进行管理和提升。在这里需要特别注意的是，不同的遗留事项需要管理者运用不同的提醒方式。

➤ 针对连续性事项

针对连续性事项，管理者需要制定一个定期跟踪监控表，这样既可以方便自己进行管理，又可以帮助员工进行自控。定期跟踪监控表具体如下。

定期跟踪监控表

跟进内容	第 1 阶段	第 2 阶段	第 3 阶段	第 4 阶段
评价			改进	

➤ 针对人际类事项

针对人际类事项，管理者要注意提醒的语气和频次，不要让员工感到像是在硬性指派，要亲切并且不着痕迹地引导员工。

示例：

例 1	管理者："任务圆满完成了，你要好好谢谢设计部门的领导和同事。" 员工："好的，您放心吧！"
例 2	管理者："最近有没有和设计部门的人一起聚聚啊！" 员工："最近太忙还真是忘了，这个周末好好组织一下，大家也都应该放松一下了！"

➤ **针对总结性事项**

针对总结性事项，管理者提醒的方式可以根据员工的特质进行调整。如果员工对一板一眼的汇报方式比较抵触，那么管理者可以采用口头表达的方式提醒员工反馈的重要性。

示例：

例 1	管理者："执行结束了，有没有什么特别的感触啊？或者有没有什么想法，可以和我分享一下。"
例 2	管理者："小王，听说你这次在执行当中发挥了很特殊的作用啊！到底有什么故事啊？我也想知道！"

如果员工比较中规中矩，并且逻辑和思路都较为清晰的话，管理者可以要求员工采取书面报告的方式向自己反馈工作，必要时可以出具反馈的模板工具，引导员工说出自己想了解的内容。

➢ **针对清点类事项**

针对清点类事项，管理者要提醒员工进行回顾和整理，并引起足够的重视。这里最好使用连环提问的方式引导员工一步步深入思考。

执行中的那个突发问题最终得到解决了吗？

有没有进行持续跟进？现在如何？

为什么会出现这样的问题？

下次执行还会出现类似的问题吗？

如果出现又该如何做？

6.2 回顾成绩和失误

对员工的执行做出反馈是管理中的一个关键环节，因为这个过程会从管理者的角度出发，对员工的工作进行总结和梳理。

通常来说，管理者在进行反馈时首先会提到的便是员工在整个执行过程中的成绩与失误。

成绩不能不提，因为它直接反映了员工的执行成果。成绩是个笼统的表述，它大概包括以下七部分内容，管理者在沟通时的常见话术具体可见图示。

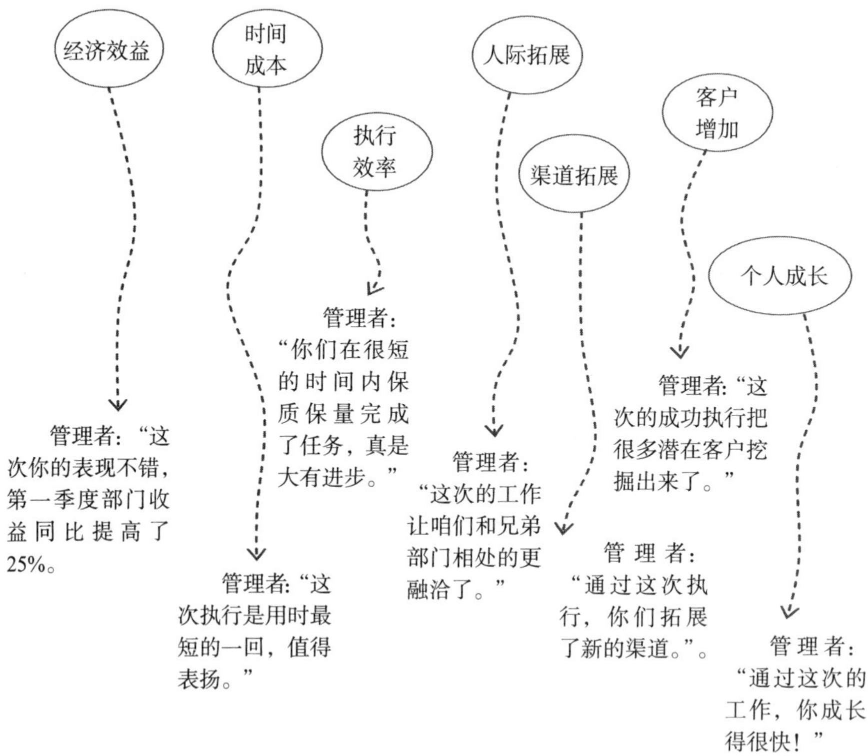

其次，失误也不能不提。因为失误大部分是由于主观上的偏差造成

的，这背后隐藏着员工自身存在的一些问题。

管理者在反馈问题时，不仅要让员工认识到自身存在的问题，更要帮助他们彻底解决问题。否则这些问题会像“魔咒”一样，反复出现在员工日后的执行中。这会严重影响员工的执行效率和结果。

在向员工反馈问题时，管理者可以借助以下四个逐步深入的问题引导员工回忆和思考，并最终找到解决之道。

在执行中的什么环节和地方产生了失误？

有没有考虑过为什么会有这样的失误？

出现失误后如何补救？

以后要如何避免类似失误再次出现？

但需要引起注意的是，管理者在提出成绩、予以表扬时，员工自然会愉悦地接受。可是提到关于工作中的失误这个沉重的话题时，大部分员工会产生内疚、沮丧的负面情绪，在这种情况下，来自管理者的一些

“逆耳忠言”恐怕就不是那么容易被员工接受了。

因此，管理者在提及员工的成绩和失误的时候，要讲究方式和方法，主要有以下四个要点需引起注意。

1. 先表成绩再提失误

管理者要将成绩放在前面说，这样可以给员工一个心理上的缓冲，让他们可以对接下来的“沉重话题”更易接受。

2. 要用概括性语言去描述成绩

描述成绩适宜用笼统性的词语，并且尽量控制在两三句话以内。如果过于详尽，会让员工不明所以，也容易让其滋生骄傲的情绪。

3. 失误部分要占更大篇幅

一个任务执行完毕，再辉煌的成绩都会成为过去，而失误则可能会继续在日后出现。所以管理者在向员工反馈问题时，要更多地提到失误的部分，直到员工了解清楚为止。

4. 提到失误要尽量向细节切分

在提到失误时要尽量向细节切分，不要遗漏任何一个部分，这样才有助于问题的解决。

大部分人在与人沟通时都会呈现靠近快乐、远离痛苦的心理倾向。

管理者可以运用“三明治沟通法”将“痛苦”夹在两层“快乐”之间。这样员工便很容易接收了。

在“三明治”的第一层，管理者可以先向员工反馈成绩，表达对员工的赞扬和肯定，接下来的夹心层，就要提到失误的问题了。而最后一层，管理者可以回到鼓励和期望这类可以引起员工快乐和自信的话题上来。

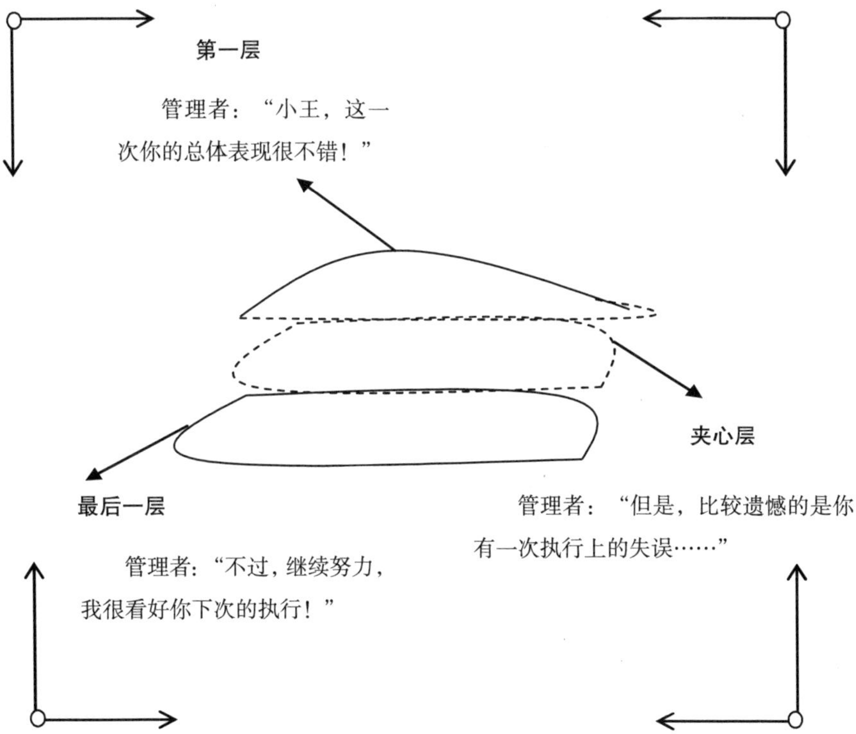

6.3 总结经验和教训

一个任务执行完毕，总会有一些地方做得不错，管理者可引导员工对其中的原因进行分析和总结，并最终固化成日后执行的标准和模板。这便成了经验。

当然也难以避免会有一些地方做得不尽如人意，管理者也需要引导员工进行沉淀和总结，最终制定永久规避的策略，而这便成了教训。

对于员工来说，所有这些经验和教训是极大的财富，它们远远比一个简单的执行结果更加重要。

◇ 如何更好地总结经验

在总结经验时，管理者不仅需要让员工知其然和所以然，还要尽可能地开拓员工的思路，进而可以收获更多，具体可分为以下四个步骤。

1. 管理者指出在执行中员工表现出色的部分，并让员工自己去回忆并陈述当时为什么这样执行的来龙去脉。

2. 管理者引导员工进行分析和对比，如之前是怎么做的？这次又有了哪些改善。

3. 管理者引导员工进一步思考还有没有别的执行思路和方式。

4. 将这次的执行流程固定成标准化的模板，以方便日后参照执行。

在上述的步骤中，最后将执行流程固定成标准化模板的阶段尤为关键。因为它是经验总结是否有成果的直接体现，更关系到员工日后的执行效率，也可以方便管理者更好地进行管理和推广。

下面以一个具体的管理实例来展示如何将总结的经验固定化为标准化的模板。

员工顾念是行政辅助人员，在一次她配合参与的执行活动中，所有人普遍反映顾念将文件整理得十分清晰到位，对全员效率的提升起到了极大的作用。领导李玲因此特别要求顾念将自己的经验整理成工作的模板，供大家学习和参考。顾念将自己的工作流程用图表的形式表现了出来。

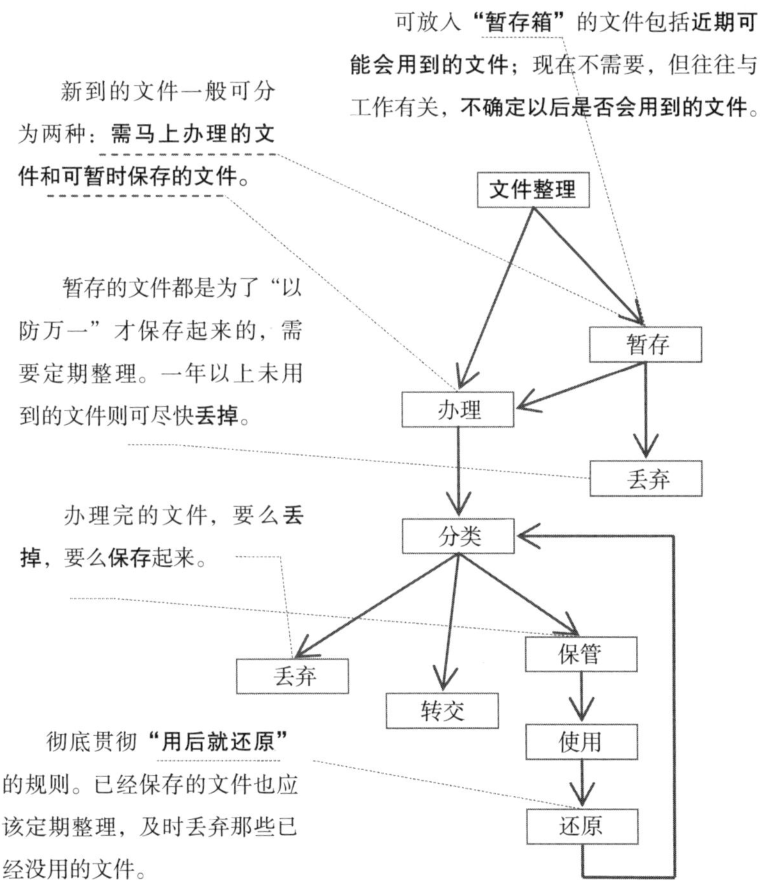

◇ 如何更好地总结教训

在总结教训时，管理者要学会让员工面对自己的问题和失误，并且要像“剥洋葱”一样逐层深入思考和分析，具体可分为以下四个步骤。

步骤 1：管理者向员工指出任务执行环节中做得不尽如人意的地方。

步骤 2：接下来管理者要全面了解情况，鼓励员工多说，在这个过程中管理者要边倾听边思考。

步骤 3：管理者引导员工思考这种情况为什么会发生。

步骤 4：管理者向员工提出建议，给予指导，指出如果以后再遇到类似的问题该如何处理。

从向员工反馈的角度来说，管理者需要帮助员工总结执行中的经验和教训。而从管理者自身的角度来说，一次任务执行完毕，管理者同样需要对自己的管理工作进行总结，即积累了哪些经验，总结了哪些教训。

反观、总结并反省自身的行为利于管理者从全盘掌控，进而逐步提升自己的管理能力。

管理者对自身工作进行总结的三大模块

团队管理 → 管理团队内部以及跨部门合作的事项。

项目管理 → 在风险管理、进度控制、成本控制、沟通方面的把控。

职能管理 → 管理各职能部门以及负责人的关键活动。

管理者可以从以上三点入手,并借助图表的形式完成归档。

管理者 Susan 负责某企业的产品开发项目，在项目执行完成之后，她对自己的工作进行了整理和总结，具体内容如下。

管理实例

Susan 从上述三点入手，分别绘制了图表，每个图表都分别对应“做得好的地方”“做得不好的地方”，以及“改进和建议”三项内容。

团队管理

经验　　　　教训

团队管理经验和教训总结			
分项	做得好的地方	做得不好的地方	改进和建议
部门内部			
跨部门合作			

项目管理

分项	做得好的地方	做得不好的地方	改进和建议
风险管理			
进度控制			
成本资源管理			
沟通管理			

职能管理

分项	做得好的地方	做得不好的地方	改进和建议
研发			
市场营销			
生产质量管理			
采购			

如果管理者在每一次跟进员工执行后，都能按照上述方法进行经验和教训的总结，那么很快就能发现自身管理方面存在的问题。管理者只有学会积极地反观自身才能更好地去提点和激励员工。

6.4 制定监管新模式

管理者在反观自己的管理行为后，会发现诸多需要改善的地方。那么从哪里着手进行改善？又该如何制定管理监管的新模式呢？

顾名思义，监管包含两个层面的意思，即监督和管理。监督依靠什么来实现呢？大概有节点控制、定期指示两种方式。

而管理又依靠什么来实现呢？大概有下达指示、灵活授权、合理激励、流程控制四种方式。

因此，管理者可以从上述六种方式入手调整自己的监管模式，并最终确立新的管理风格。

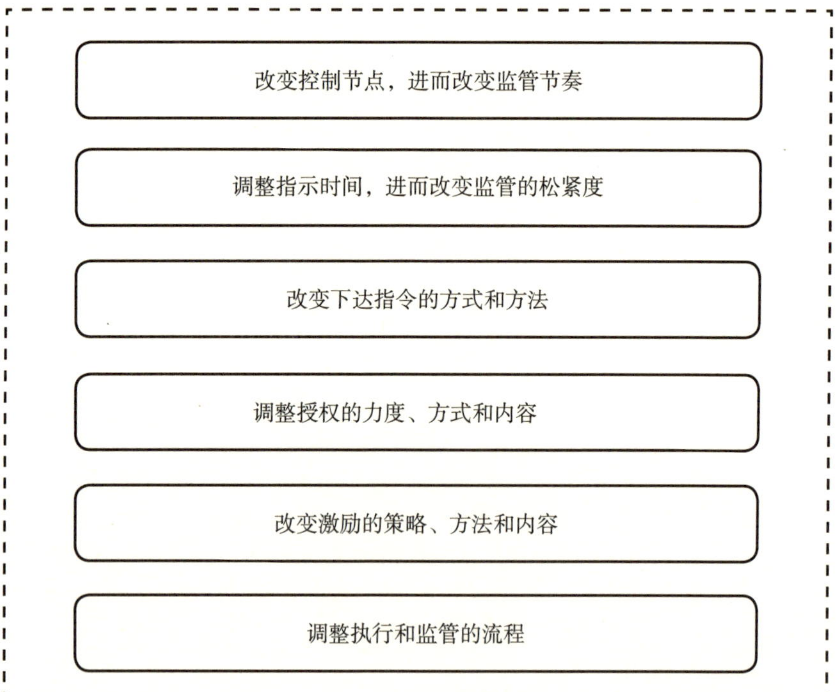

管理者针对自身的监管行为做出改变后，就需要进入重新施行、调

整和固定化的流程，具体可以参考下图。

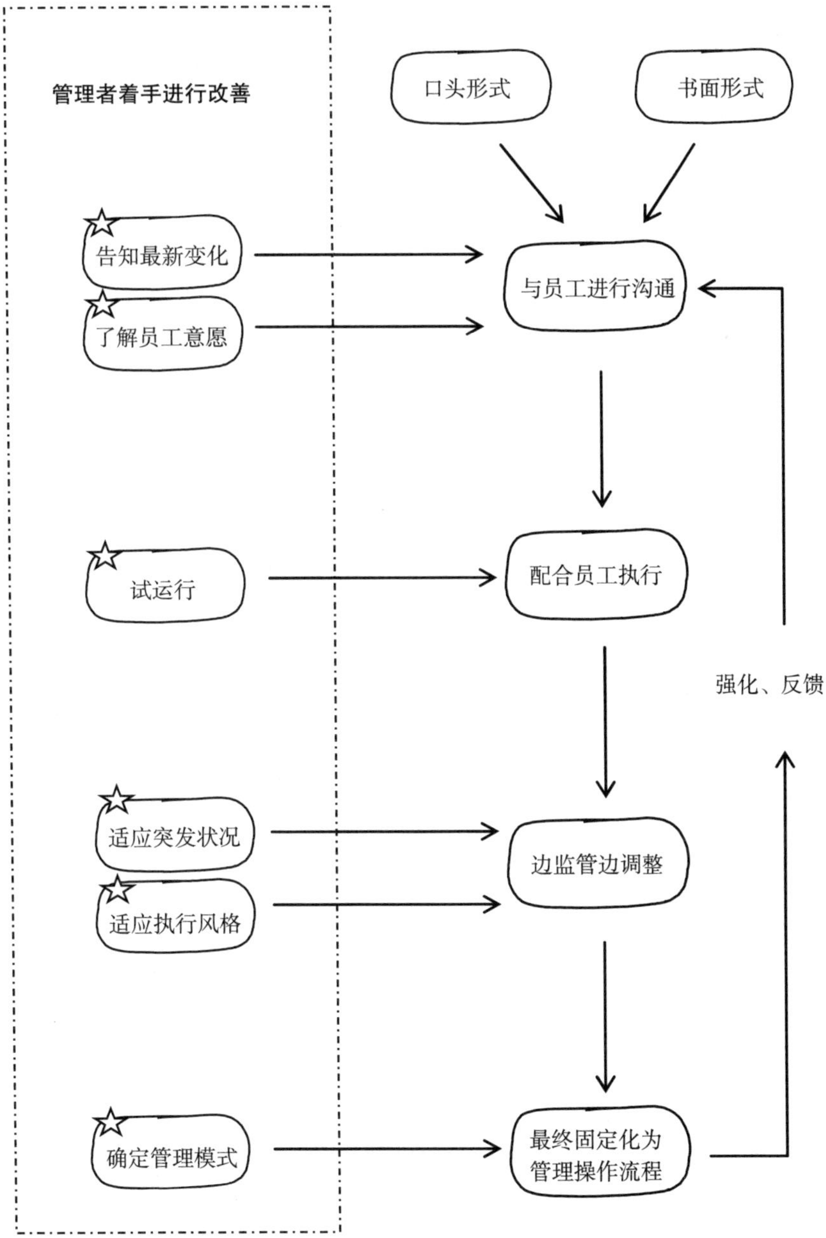

6.5　量身定制新目标

无论对于管理者还是对于员工来说，目标都十分重要。它可以在任务执行的过程中帮助员工明确三个问题。

1. 为什么要执行这个任务。

2. 任务执行的方向是什么。

3. 任务执行到什么程度才算圆满。

而对于管理者来说，上述三个问题又有了新的含义。

1. 为什么要让员工执行？

2. 为什么要让员工这样去执行？

3. 怎样管理才能保证员工的执行更加圆满？

既然目标对于两者来说都如此重要，那么在一次任务执行完毕，管理者需要做的便是帮助员工量身定制一个新的目标。这个新的目标可以保证下一次的执行更加圆满和完美。

目标与员工之间要有适应性。过高的目标会加大员工执行的难度，导致他们不能胜任，进而挫伤他们的自信心和进取心，最终会得不偿失。

但是目标过低同样不行，因为员工在这样的执行过程中得不到成长，也自然起不到激励的作用。

那么如何加强目标与员工之间的适应性呢？“量身”便是一种行之有效的管理策略。怎样“量身”？管理者可以从以下四个要点切入。

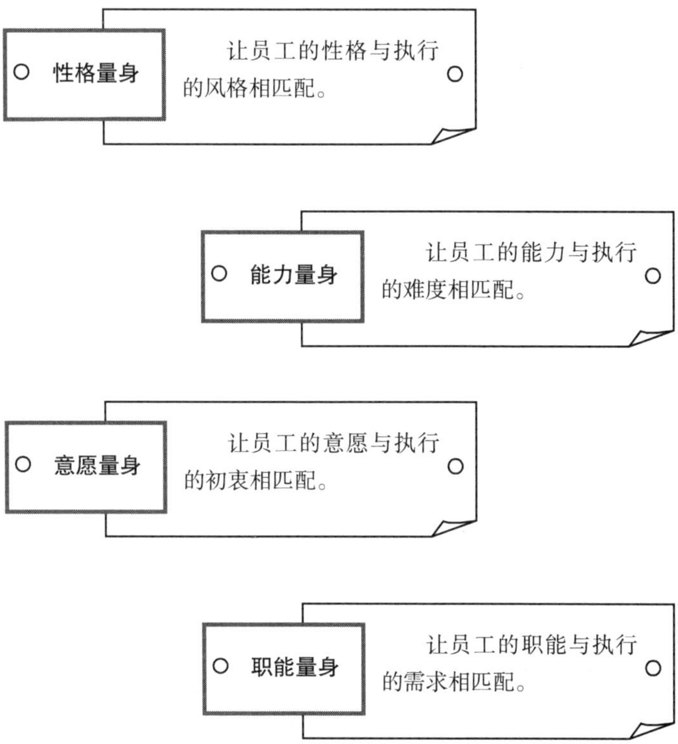

在为员工进行“量身”之后，如何实现新目标的“定制”需求呢？相信大部分管理者都了解关于目标制定的 SMART 原则，即目标要明确，

目标可以度量，目标可以实现，目标导向，以及截止期限。

在这种情况下，管理者为员工量身定制之后的新目标自然具有了更多的标准和内涵，这进一步补充并细化了 SMART 原则。

S

Specific——目标要明确

管理者在量身定制目标时就要考虑到新目标相较于之前的目标是否更加明确，是否更易于员工理解。

M

Measurable——目标可以度量

管理者在量身定制目标时就要考虑新目标是否能让员工和自己很好地进行拆解和细分。新目标的标准和评级是否妥当。

A

Attainable——目标可以实现

管理者在量身定制目标时就要考虑到目标是否贴合客观条件和员工的实际，需要员工付出的代价又是什么。

R

Result-based——目标导向

管理者在量身定制目标时就要考虑到是不是以实现目标为唯一准则，而不能将制定目标作为目的。

T

Time-based——截止期限

管理者在量身定制目标时就要考虑到截止期限是否真正适合某位员工，是否需要进一步做出调整。

从上不难看出，经过“量身定制”后的新目标具有更大的适应性和更高的灵活度。

员工在新目标的指引下将任务执行完毕，管理者会再回到总结和反馈的阶段，并会根据最新的执行问题继续对下一个目标进行调整。这是个不断循环的过程，具体内容如下。

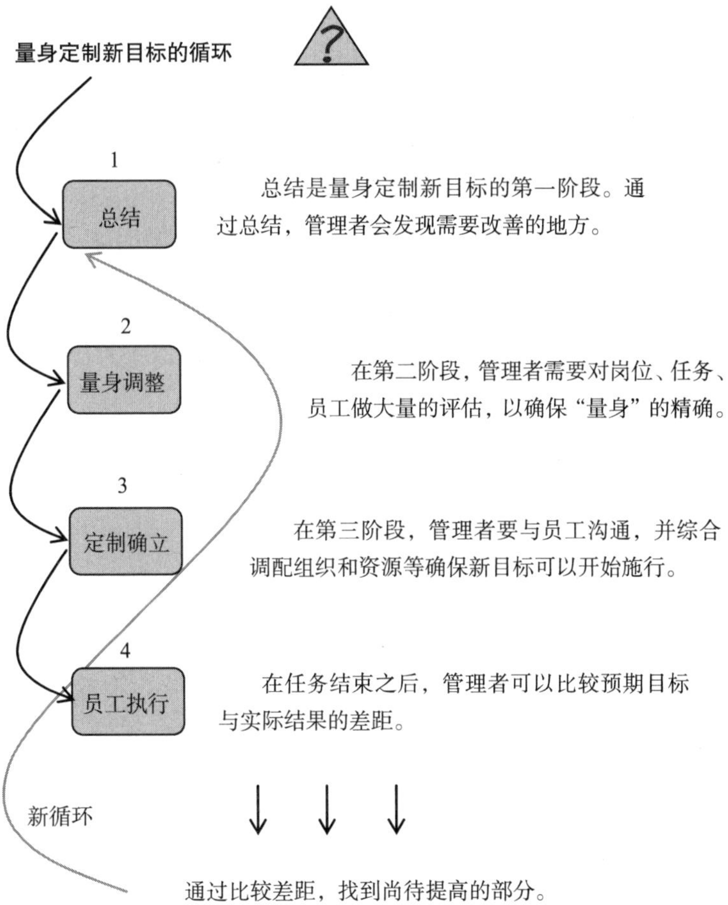

经过这个不断循环的过程后，管理者为员工制定的目标会越来越合理，员工在执行过程中所收获的也会越来越多。这些都有利于激活员工的内在驱动力，为管理增添人性化的色彩。